内容创业

内容、分发、赢利新模式

张贵泉 张洵瑒 著

電子工業出版社
Publishing House of Electronics Industry
北京•BEIJING

内 容 简 介

越来越多的内容平台、行业巨头、资本纷纷加入内容分发的战争中，竞争非常激烈。优质的原创性内容将成为行业中最宝贵的资源。在这样的行业形势下，如何把内容创业做好？如何提高自身竞争力？如何在这场战争中武装自己？是每一位内容创业者都应该认真考虑的问题。

本书旨在帮助内容创业者解决这些问题，为想要进入内容行业的创业者出谋划策，手把手教大家如何更好地进行内容创业，获得更高的利润。

本书注重方法、技巧的传授，行文流畅，每一章的最后一小节都是一个经典案例，让读者对每章的内容有更好的理解，在进行内容创业时可以有例可依。本书既是内容创业新手迅速融入行业的宝典，也是内容从业者提升自己实力的实用书。

图书在版编目（CIP）数据

内容创业：内容、分发、赢利新模式 / 张贵泉，张洵瑒著. —北京：电子工业出版社，2018.6

ISBN 978-7-121-33894-6

Ⅰ. ①内… Ⅱ. ①张… ②张… Ⅲ. ①创业－研究 Ⅳ. ①F241.4

中国版本图书馆 CIP 数据核字(2018)第 055497 号

策划编辑：董 雪

责任编辑：张彦红

印　　刷：三河市鑫金马印装有限公司

装　　订：三河市鑫金马印装有限公司

出版发行：电子工业出版社

北京市海淀区万寿路 173 信箱　邮编 100036

开　　本：720×1000　1/16　印张：15.5　字数：248 千字

版　　次：2018 年 6 月第 1 版

印　　次：2018 年 6 月第 1 次印刷

定　　价：49.00 元

凡所购买电子工业出版社图书有缺损问题，请向购买书店调换。若书店售缺，请与本社发行部联系，联系及邮购电话：（010）88254888，88258888。

质量投诉请发邮件至 zlts@phei.com.cn，盗版侵权举报请发邮件至 dbqq@phei.com.cn。

本书咨询联系方式：010-51260888-819，faq@phei.com.cn。

前言

对于想要创业的人来说，内容创业一定是一个非常不错的选择。首先赢利比较丰厚；其次就是如果做得好会被大众熟知，可谓名利双收，像罗振宇的“罗辑思维”、吴晓波的“吴晓波频道”等；再加上以后内容行业会重新洗牌，这就给越来越多的创业者提供了出头的机会。所以，对于想要进入内容行业的创业者来说，现在是一个绝佳的时机。大家一定要把握住机会。

内容创业新手在刚刚入行的时候难免会不知所措，他们面临的主要问题有以下几个：

第一，对内容行业的了解不够。

第二，不知道如何定位。

第三，不知道怎样创作出大众喜爱的内容。

第四，辛辛苦苦创作出来的内容不知道怎么分发出去。

第五，不知道应该用哪种方式、哪些技巧来获得更多的赢利。

对于内容创业新手来说，想要刚一入行就被大家熟知基本是不可能的。他们对内容行业的了解甚少，找不准自己的定位，不知道该创作什么样的内容，不知道哪些内容才是大家想看的，更不知道该怎么去分配内容、分发、赢利，他们想要凭借自己并不丰富，甚至几乎没有的经验在内容行业中拼搏一把，但事实是那些经验丰富的内容从业者都不能保证自己可以在行业中发展得风生水起，所以内容创业新手拼搏成功的概率又能有多大呢？

不用说太多，事实已经非常明显，内容创业新手必须充分地把握内容创业中各个环节的要点和技巧才是他们持续发展、获得利润的出路。那么到底应该怎样去进行内容创业呢？相信大家已经对答案迫不及待了。不要着急，这本书有将一个内容创业新手培养成内容创业专家的魔力，是一本教你如何让自己在内容行业中占有一席之地、分得红利的宝典，想知道其中的秘诀吗？自己去书中寻找吧！

本书特色

1．内容实用实在、详略得当，讲授符合初学者的认知规律

本书中的内容涵盖了内容创业过程中的多个方面，大部分都是内容创业中非常重要的方法、技巧，具有丰富的干货内容。并且书中有从业者成功的案例内容，都值得借鉴。本书有很强的实用性和可操作性，将内容创业过程中应该注意的要点都展示给读者，并且告诉读者如何去处理，对于那些不重要的部分，本书就一笔带过，不多加赘述，特别适合初入行业的人阅读。

2．结构处理得当，条理清晰

本书先对内容方面进行介绍，例如内容的定位、选题、素材、设计等；其次是对分发方面的详细介绍，例如分发渠道、分发平台等；最后是对赢利方面的详细介绍，例如赢利模式等。本书的内容编排从整体出发，有步

骤、有条理地向读者传授方法、技巧，整本书的结构和逻辑非常清晰。

3. 内有案例和图片，内容种类丰富

为了使读者更好地理解内容创业的各个方面，并且在进行内容创业时可以更加得心应手，本文穿插了许多成功内容从业者的案例。而且在讲述某些方法和技巧要点时，用图片的形式表达出来，内容丰富，读起来就自然不会那么枯燥。在学到知识的基础上能够获得良好的阅读体验。

本书内容及体系结构

第一篇　如何生产有用、有品、有情和有趣的内容

第 1 章　内容付费时代来临，内容创业风口急速爆发

本章从内容付费展开，说明内容创业的风口正在爆发。将提炼出来的内容创业中最重要的部分放在第一章，包括内容创业的风口、爆点、竞争、准入门槛四个方面，以及“同道大叔”这一经典案例。

第 2 章　内容定位要做好，否则风口就会对你关闭

本章对内容定位方面进行了介绍，说明内容定位的重要性。包括个人、价值观、内容形式、功能、差异化五大定位要点，告诉读者应该如何对这五大要点进行更好地理解，并且列举了“罗辑思维”的经典案例供读者借鉴。

第 3 章　把握好读者定位，按照受众喜好写内容

本章介绍如何进行读者定位，在进行读者定位时应该把握哪些方法和技巧。从年龄、收入、职业、学历四个方面展开，进行详细说明，可参考

“橘子娱乐”这一案例。通过对本章的学习，内容创业者可以为自己找到最合适的读者群体，根据具体情况创作他们最喜欢看的内容。

第 4 章　团队人员通力合作，让内容的创作流程化

在创作内容的时候，依靠一个人的力量非常困难。所以整个团队应该通力合作，把特定的工作分给特定的人员来完成。本章介绍了内容创业者需要和哪些工作人员合作使内容创作达到流程化。通过对本章的学习，读者可以知道团队中应该有哪些主要的工作人员，他们的工作内容是什么，应该如何做好各方面的工作。本章还分析了“大象公会”经典案例。

第 5 章　找素材，让来源规范化

本章是对内容素材方面的介绍，包括话题、垂直领域等方面。告诉读者应该找什么样的素材、怎么寻找素材、到哪些地方去寻找素材，最后是“知乎”的案例。本章内容非常实用。

第 6 章　内容设计要有创意，避免同质化

本章从标题、内文、图片、版式四个方面来介绍如何更好地进行内容设计，向读者详细地展示了做好这四个部分需要的方法和技巧，并分享了“暴走漫画”案例。通过对本章的学习，可以使读者对内容设计这方面有更好的把握，可以把内容设计得极具吸引力。

第二篇　如何做内容分发

第 7 章　渠道分发：显示用户获得内容最佳入口能力

内容分发是内容创业中非常重要的一部分，内容能不能被大众关注到与内容分发渠道有很大的联系，本章对内容分发三大渠道——百度、阿里

巴巴、腾讯的具体情况进行了分析说明，还介绍了内容分发的现状，读者可以根据每个渠道的情况以及分发系统现状来选择最适合自己的分发渠道。本章以“UC 头条”为例供读者借鉴。

第 8 章　社交分发：把一部分内容理好地分发出去

本章分别从三大分发巨头中挑选了具有代表性的平台为读者进行介绍，包括 QQ 空间、微信公众号、百度贴吧。分析了它们的具体情况，告诉读者如何在平台中将内容更好地分发出去。本章案例：360 手机助手 3.0“身边版”。

第 9 章　智能分发：由机器匹配人与信息，推荐给感兴趣的人

在内容分发平台的竞争中，智能分发这一模式的地位越来越重要，各个平台也都在积极地提升自己的智能分发实力。本章主要介绍了智能分发中的要点部分，从智能推送、数据、独家优质内容三个方面说明分发平台应该如何提高自身竞争力。本章的经典案例为“今日头条”。

第三篇　如何通过内容赢利

第 10 章　内容付费：打造爆款内容，实现 IP 变现

赢利是每个内容创业者的终极目标，在进行内容创业之前，必须了解内容行业有哪些赢利模式、可以通过哪些渠道获得利润。本章主要介绍了内容付费、打造 IP、销售内容衍生品这三个赢利来源，告诉读者获取这三方面利润应该把握哪些要点，最后为读者提供“万合天宜”这一案例。

第 11 章　广告——内容付费形态的简单模式

对于内容创业者来说，广告是最普遍的赢利模式，本章介绍了最主要

的三种广告形式——广告、品牌促销、KOL，并且为读者分析这三种形式的情况以及要注意的要点等。通过对本章的学习，读者会对广告赢利有更加深刻的理解。本章提供案例“天才小熊猫”。

第 12 章　社群经济：通过知识社群提升变现潜力

社群经济是内容创业中一个比较高级的玩法，也是持续发展的一种有力保障。所以，当内容创业发展到一定程度时就应该积极地发展社群经济。本章从会员、线下活动、电商平台三个社群形式出发对相应内容进行了详细说明，告诉大家应该如何更好地发展社群经济，并实现赢利。本章内容都是“干货”，且实用性很强，附带吴晓波的“吴酒”案例供读者参考。

适用读者对象

- 内容创业新手
- 想要提升影响力的内容从业人员
- 想要创作出更好内容的内容从业人员
- 对内容创业感兴趣的读者
- 想要了解内容行业的读者
- 想要学习内容创业知识的读者

本书是在笔者关注了许多著名的内容创作者、看过许多高质量内容、积累了丰富案例的情况下，历经 24 个月的时间创作而成。通过对本书的阅读和学习，相信许多内容创业者都可以掌握内容创业各个环节中的方法、要点和技巧，减少创业过程中的阻力，早日在内容行业闯出自己的一片天。

目录

第二篇　如何做内容分发

第三篇　如何通过内容赢利

第一篇
如何生产有用、有品、有情和有趣的内容

内容创业，从名称上来看，我们就可以知道最重要的一定是内容。所以，在进行内容创业时，必须要重视创作内容这个最为核心的环节，这也是为什么要把内容放在第一篇的原因。本篇中所有章节都围绕着内容来进行说明，包括内容的定位、创作、设计等。本书第一篇的主要目的是在创作内容方面为内容创业者提供帮助。

1

内容付费时代来临，内容创业风口急速爆发

从互联网音乐、视频、直播到小说、论文以及杂志都在逐渐成为付费内容，吸引着大批网民。随着付费市场逐渐被开拓，大批资金和人力流入到内容创业的活动中，单一且泛化的内容无法在市场大潮流中生存，职业化和专业化的内容对消费者具有更高的价值。内容创业必须和营销手段相结合，优质的内容不经过良好地推广，往往会闷在葫芦里失去其应有的价值。因此平台和媒介对内容创业者具有重要意义。内容创业自身的质量提升与商业营销有密切的关系，相互促进也相互制约。高质量内容往往能够吸引更多的消费者，从而带来更高的利润。

1.1 内容创业的下一个风口——付费阅读

当一本书读到一半时，被通知要付费才能阅读后文，你会不会付费呢？人们是有好奇心的，尤其是在面对新奇有趣的书籍内容时。在此，付费阅读，即我们要阅读网络上被技术加密过的文章时，需要经过线上平台支付费用，才可阅读这些内容。付费阅读不仅通过网络平台给予了更多人创业机遇，而且也充分尊重了作者的原创性，保护了多方的权益，为筛选有价值的互联网信息提供了参考。

互联网技术把创作的权利移交给大众，付费阅读将创作和创业的机会移交给大众。任何人只要拥有手机、平板电脑或者家庭电脑，就可以成为作者。人们不仅可以自己成为作者，还可以针对网络阅读内容提出建议甚至撰写完整的评论。来自不同民族、国家，且拥有不同领域知识、技能和实践经验的作者投入到网络中，改变了传统观念中纸质书籍的作者是唯一权威的形势。通过互联网进行内容创业已成为新的创业趋势，而文字内容创作就是其中最方便快捷的一种。无论是学术研究成果还是文学作品，都可以通过网络文章的形式进行传递，并且作为商品销售。

起点中文网是付费阅读典型的实践者。网站上的小说文章按照字数收费，同时又会赠予下载移动客户端 APP 和参与网站活动的用户起点币（虚拟货币），促使用户参与更多网络产品的推广活动。近年来起点中文网又产生了走向海外的趋势。起点中文网自 2003 年起，开始实行付费阅读制度，2004 年起盛大多次投资起点，其网站的作品数量和质量都得到了大幅度提高。付费阅读不仅给网站带来了巨额利润，也促使网站培养了一批批优秀作者。

可见付费阅读是一种多赢模式，读者在付费阅读中寻找到自己想要的精品文章，作者和平台也获得了相应的收益。

初创时期的网络创作平台是可以免费获取资源的，用户可以随意复制内容并进行传播，在这种模式下，内容创业得不到好的发展。这就导致了作者的权益得不到保护，很多作者进行了艰苦的脑力劳动，但是未有相应的收获。

在网络文学刚刚兴起的时代，第一个描绘在仙侠世界中人物御剑而飞的场景的书是多么震撼人心，那自由自在的场面是多么吸引人！但是，这个创意被后来的仙侠小说作者们不断“借用”，屡见不鲜，此后更多优秀的幻想小说创意生产就遇到了困难。

如今，付费阅读解决了相似的问题。在付费阅读的时代，内容的价值得到肯定，版权受到重视，即所阅读到的文章的商业价值得到了发展，创意思想得到保护，付费的文章不能被随意复制，也不能被抄袭。当互联网资源不再是免费的，文章点击量给作者和网站平台带来的不仅是粉丝，还有大量的资金收益。如图 1-1 所示，有资金就有动力，有动力就有更好更多的原创作者投入到付费阅读文章创作之中。由此起点中文网的原创作者达到了一个相当可观的数量。

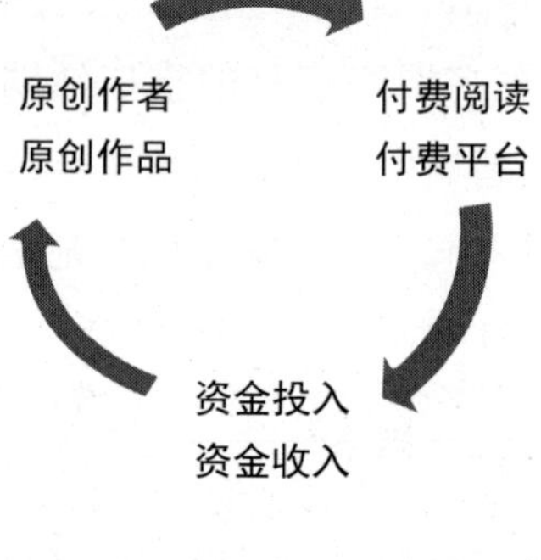

图 1-1　付费阅读良性循环

同时，手机和平板电脑，4G 网络和 Wi-Fi 技术的广泛应用几乎让人们在任何城市的任何一个地方上网成为了可能。无论是在等车、坐车、喝咖啡时，还是在逛街、午休时，在每一个碎片化时间里，人们都可以通过移动端进行阅读。移动端技术的高度发展，允许了付费阅读占用消费者大量的零碎时间。通过下载线上支付 APP，如支付宝、微信、QQ 钱包等，让付费阅读迎来了春天，人们只要动一动手指就能够将资金转给付费网站。资金快速流动，促使内容创业形成良性循环。

起点中文网的主要客户群体为 PC 端用户，但随着移动端技术的日益发展，移动端用户日渐增加。为了满足移动端用户的需求，起点中文网做出改变，衍生出创世中文网。二者的读者群体不尽然相同，为了适应不同的读者群，起点和创世的文章风格也不尽然相同。由此可见，移动端的影响力正在不断扩大，移动端的读者群也与 PC 端的读者群产生了差异。付费阅读促使文学网站成为一块蛋糕，在起点之后，又有数不胜数的文学网站通过付费阅读的方式乘势而起。

在教育培训行业中，我们对实实在在的科学知识付费，其中最主要的部分是师资、出版物，现在还产生了网络课程、电子论文和学术期刊。老师们可以通过网络给学生授课。付费阅读不仅包括科学知识和教师资源，还包括趣闻轶事、生活经验、心灵鸡汤、哲学观念、养生医术、宠物笑料、娱乐消息等一系列和我们日常生活息息相关的内容。这些内容不一定是经过无数次实验和考证被证实的科学知识，却来自世界各个地方的人，带来世界各地的特色消息。

在生活节奏日益加快的今天，人们很少有时间能够安静地坐上一整天，读完一本纸质书。尽管纸质书籍对人类文明有至关重要的传承作用，但是选择网络阅读已成为更加快捷和省钱的阅读方式。网络和移动端的文章通过多种平台，比如微信公众号、QQ 兴趣部落、百度贴吧、新浪微博等方式，在人们的网络社交活动中，随时向它们的消费者推送一定量的信息，同时随着读者的阅读习惯数据积累，电子平台会推送更多与读者兴趣相关的内容。因此通过移动端在同样时间段内获得的信息量远远超过纸质书籍的信息量。

巨大的信息交换量使快速付费阅读成为了趋势，人们形成了短平快的阅读风格。当然大 V 的粉丝量达到一定数量后，广告商就会被吸引而来。广告商借助大 V 的影响力，付费给大 V 广告费用来推广其他产品，广告费用成为了付费平台和内容创业者的收入来源之一，吸引着越来越多的内容创业者。

1.2 内容创业的爆点——内容为王

内容创业效果的根本是内容本身的质量。内容，指的是精神消费的资料，当人们的物质需求得到满足后，接踵而来的就是深层次的精神需要。这些需求是广泛的，从大众娱乐到尖端科技，没有一样是完全没有市场需求的。因为社会的群体多，群体中不同个体的层次也不尽然相同。如果一篇付费阅读的内容思想不能够征服大部分读者的心，或者采用了错误的数据，甚至是偏离了大众需求，那么这些内容创作无疑是徒劳的。

高质量的资源是立定内容创业的根基。当你打开一篇微信公众号文章时，却发现里面除了广告就是一些毫无益处的内容，那么你会怎么做？一定是放弃关注它！当付费模式兴起，文章内容就要具备相应的商业价值，才能获得读者的认可。

网络小说的内容让读者的精神欲望得到满足，通过制造亮点让读者兴奋并吸引读者读完整本书。枯燥乏味或循规蹈矩的小说诚然不能够满足读者的需求，因此也就不具有赢利潜力了。如果起点中文网不去培养作家，不吸引有潜力的作者，不严格审核网站文章的质量，那么网站就会失去内容的活力。事实是，起点中文网自创业以来仍然处于网络文学行业的领军地位，在各类文学网站兴起的潮流中，始终保持着强大的竞争力。它高质量的文本内容和高水平的作者素质是决定性因素。

热点话题、满足读者需求的文章能够吸引关注付费内容。人们习惯对当前所经历的事情发表自己的评论、总结实践经验，同时人们也喜欢从其他人那里听取评论和意见，热点话题能给付费内容带来一定的关注，因为当某一重大事件发生时，付费内容的标题借助热点内容就可以得到更多的点击量和阅读量。

仅仅有热点话题是不够的。有了相关性，还需要作者对热点话题发表独到见解，或许这些见解在哗众取宠，但是只要能够获得读者的认同，它就是有价值的。

有了热点话题，还要有读者需求的内容。我们很难把尖端科技的内容推送给七八十岁的老人或者喜欢文艺话题的读者，但是我们却可以推送给前者中医养生保健的内容，给后者达 · 芬奇画作鉴赏要点的内容。付费内容必须能够满足消费者的年龄、社会地位、兴趣爱好、生活实际需求等。

在主题上满足了消费者的需求，可能一时吸引了一定数量的粉丝。而深层次的发掘内容，才是长久维持内容创业收入的根本。为了提高内容的质量，必须进行垂直的挖掘，在内容中给予消费者在其他媒体上得不到的干货，对内容独创性和原创性提出了较高的要求，这些干货也与他们的各类需求息息相关。

华尔街英语推出了线上课程，其中有不少试听体验课。在线上体验课程中，外教必须为学生准备英语知识干货，包括课程的知识点、图片、例句和详细语法讲解。以往中国市场内对英语口语的学习，虽然也有网络课程，但多数是中国的老师们传讲的，大部分都是视频讲课，没有互动性，要出国的学生们体会不到现实中和外国人交流的感受；口语学习过程中，学生们也缺乏交流的自信。华尔街的独创性在于通过外教和网络营造全英文的网络环境进行授课，学生和外教能够通过视频授课进行互动，通过视频聊天与外教真实对话，在不知不觉中学会了许多生活用语。此外，华尔街的网络外教课程同样满足了需要海外留学或出国工作的人的迫切需求。既能让这些人随时随地支付购买课程，又能够约定时间，不受限制地进行有效学习。可见，华尔街在专业英语课程的垂直领域做了充分的准备，并且具有一定的独创性，才能够推广线上付费内容。

当然，内容推送也需要贴近消费者生活。喜马拉雅 FM 推出听书付费内容，赤兔 2.0 的付费职业经验内容，都是贴近我们日常生活的付费内容。同样高质量的内容，必须贴近它的受众。一些喜欢看小说的人，文字认识不全面，或者视力不好的人既希望看到有趣的书籍，又要避免视觉疲劳，就可以采用听书的方式，而职场新人欠缺工作经验，那么赤兔就满足了他们的生活需求。人们的惯性思维是寻求生活中切实需要的东西，有了他们切实需要的东西，付费内容才能够成为王者。

即使是娱乐消息，也要因群众口味需求而做充分的内容挖掘。《剑侠情缘网络版 3》（简称剑网 3）是国内一款十分走红的网络游戏，因为这款游戏的内部机制与国外的魔兽世界相似，并且画面质量和制作水平具有较高的水准，剑网 3 的项目制作，都要经过多次返工修改，制作起来很辛苦。这也是这款游戏多年以来仍有大量玩家在线的因素之一。游戏、漫画、娱乐消息都要经过精心加工才能够吸引更多消费者。内容创业者不能低估大众对各类消费产品的品味，总要追求更高水平，才能算是保持敬业的态度。

有了垂直领域的深入挖掘，还需要多样化的视角。消费者不需要在付费内容中把惯性思维再次重复一遍，他们需要新鲜、刺激、有个性的产物，多样化是对内容创意提出的高度要求。

国内《我的世界》游戏主播大橙子、籽民、敖厂长三个人的游戏主播分别有各自的特色。大橙子是可爱的萌妹子，她主持播放的游戏视频画风和谐美丽、建筑美观豪华，同时兼顾使用了生存模式下的游戏插件，同样一款游戏，在她主播的视频中散发出了不一样的魅力，吸引了不少男女粉丝。籽民主播的游戏有惊险刺激的、有许多冒险和探索的内容。而敖厂长的主播内容虽然往往是单机主角，但是他的演说相当幽默，并且将各类初次玩这款游戏所遇到的问题的解决方案和探索方向，清晰演示给了其他玩家，随着主播时间变长，敖厂长的游戏视频也不断有序升级。

同样的主题，可以发掘出多样化的话题，并且都具有获得大量关注的可能性。所以，内容创业者们应当使用多种思维，寻求多样化视角看待同样的内容。

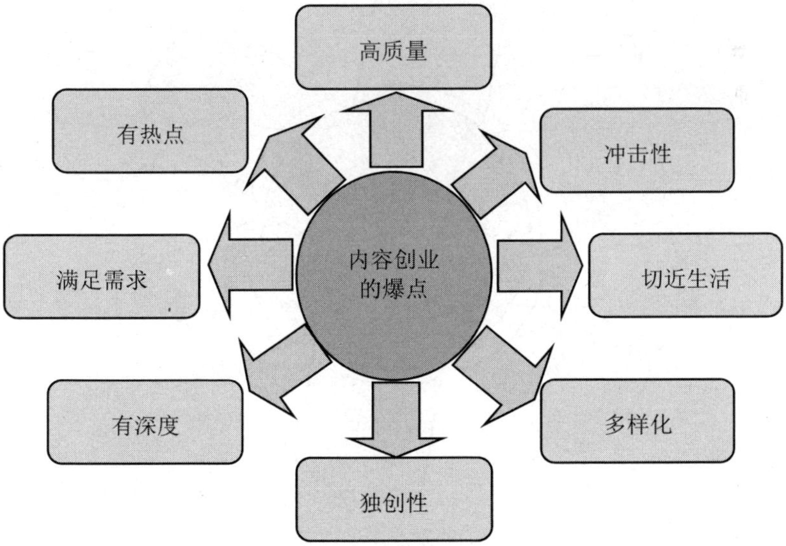

图 1-2　内容创业的爆点

1.3 多维度竞争将至——从内容到综合能力

多维度，就是多个角度，多个方面。即使是针对中国的小学生，教育部也提出了全面发展的要求。作为内容创业者，必须关注自身多方面的竞争力。

例如设计一个听书软件，除了文本的优劣性外，还能够从哪些角度把这个软件设计得更加受欢迎呢？仅仅有文学知识是不足以参与软件设计的，还需要从人体工程学、软件编程优化、搜索引擎优化、社会心理学甚至数学、美学的角度去审视这个问题。因为一个听书软件要给广泛的听众使用，他们之中的一部分人可能喜欢简单易操作的界面，有一些人喜欢不会卡机的运行速度和少量的软件流量，有一些人喜欢有深刻思想内涵的书籍，还有一些人可能仅仅是喜欢美观的界面。

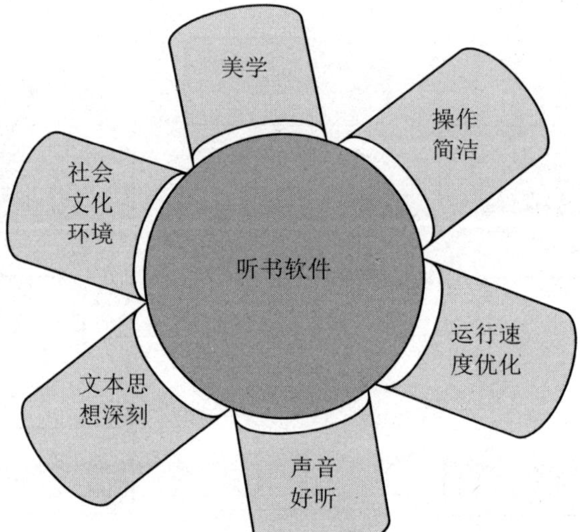

图 1-3 听书软件多维度设计

以个人角度来思考这个问题，针对同一个问题，为了应对即将到来的多维度竞争，必须有创作相应内容的综合能力。仅仅能够创作单一内容的创业者要适应新的趋势，必须向综合素质和能力发展。

从行业的角度来说，走在行业领先地位的往往是那些能够打败同行业百分之八十的竞争者的人。假设人的天赋只是一般，那么一个人要想打败同行百分之八十的竞争者，就要花大半生的时间在这个领域进行坚持不懈的钻研。事实上，大部分的人从大学毕业或者研究生毕业以后就很少进行坚持不懈的钻研活动了，大都是要进行工作和正常的生活。那么这些人就没有机会成为一个有竞争力的存在了吗？不是的。

我们生活的世界是多种多样的，有些人在同一个领域钻研数十载，但是也有人可以从多个角度解决同一个问题。竞争力也是这样。

在日常生活当中，发展自己的综合能力，既能够充分利用业余时间，又能够提高自己的创业竞争力。同一个问题，往往有多种解决方法，不是吗？通往一个目的地的道路，往往有很多。况且直线性思维在解决困难时常常碰壁，因为直线性思维在遇到困难时，采取的惯性举措就是正面解决难题。我们观看古代的智者打仗，不是敌强我进，而是敌强我退，甚至是让敌人完全摸不着我方的套路。竞争的准则也是如此，发展出个人和创业内容的综合能力来应对行业的竞争。

那么内容创业的综合能力在哪里呢？

超文本文学早于国内网络文学多年，且已经在国外有了持续平稳地发展。

超文本文学是一种利用网页链接，与读者互动的文学。最初的作者是在网上讲一个有趣的故事，但是随着故事的发展，通过互联网超级链接的技术手段，这个故事中的人物和读者产生了互动，随着每个读者不同的互动，故事会向不同的方向发展。同时，读者也是这个故事的半个作者，因为他也参与到了故事的推进过程之中。后来也有许多人要给超文本文学故事配上插图、动画等内容。

作为消费者，面对能够与读者互动，让人身临其境的故事，和仅仅用文字讲述的故事，我们会选择什么呢？必定是前者了。若我们细观网络文学创作的原则就会发现，绝大部分的网络小说作者在创作时，以力求将读者带入身临其境的故事世界作为文章质量准则。为了达到这个目标，这些作者进行了坚持不懈的文学创作学习，并且进行了至少几十万字数的创作练习，直到他们能够初步营造出这种身临其境的感觉时，却料想不到他人竟然利用计算机和互联网技术手段，创造出了与读者互动的超文本故事。这时候，即使单一文本故事的写作水平再高，看起来也没有那种与读者互动并且配有插图和动画，随时可能向着不同方向发展的故事有趣，不是吗？

内容创业往往是新思维创意和综合能力的结合。巧妙的思维搭配多维度的能力，就有可能创造出具有竞争力的产品。我们既然需要综合能力进行内容创业活动，必须有准备才行动。

为了获取综合能力以及综合能力带来的具有多维度竞争力的内容产品，在时间、人力、资金上，创业者准备投入多少呢？一年、两年足够吗？还是十年、二十年？

中国的编剧行业发展过程有不少坎坷。很多编剧想要从事编剧行业，但是他们之中的一些人只能获得最低生活的保障。中国的电视台也只是循环播放那几部经典剧作。但是美国电视剧则不然，美国电视剧每年都要更新，每年都要出好作品。美国的编剧不完全是个人创作，而是团队创作。一个编剧组，一些作家负责制造笑点，一些作家负责制造悬念，还有一位作家负责统筹规划剧情的整体走向。这些作家之间只有良好写作，共同创作出优秀的剧本，才能够为美剧提供足以让观众一见钟情的电视娱乐项目。

每个人自出生以来，总有各自的天赋。即使没有，在读书学习的这些年过程中，也会有自己比较擅长的领域。事无巨细必亲躬的创业者恐怕是很难熬过难关的。要学习做一名统筹策划者，把合适的任务交给擅长的人去做。

个人的精力是有限的，即使一个人投入再多的时间、资金，最终只是个人的力量。团队合作是创业者要考虑的重要因素，也是创业实践活动会考验的一项重要综合能力。

1.4 准入门槛提高——专业化和职业化

对内容创业有了解的大多数人都会认为内容创业收益丰厚，准入门槛低，这也是越来越多的创业者投身其中的两个重要的原因。这样看来，内容创业似乎迎来了自己的春天，可“内容创业”概念的提出者之一魏武挥却并不这么认为，他认为内容创业已经走到了炙夏。随着从业人数的增多、科技的进步以及用户要求的提高，内容创业的门槛也被大大提高，再不能只靠一些没有营养的文章和视频在这个行业立足。对内容创作者的职业化和专业化的要求越来越高，必须是制作精良、丰富充实的内容才可以俘获用户的芳心，成为这场内容之战中的胜利者。

内容创业发展到现在已经有好几年的时间了，最初可能就是一个人、一篇文章，但现在已经发展为视频、音频，而这些内容的背后还有强大的团队支撑。当初的个体可能早已被淹没在这些新兴内容之中，并且在这个过程中，我们可以看到内容创业已经不同往日，门槛和标准都在一步步地提升。

PGC 和 UGC 是生产内容的两种类型，PGC 是专业或者职业的生产内容，而 UGC 是草根个体户的生产内容。在内容创业发展之初，UGC 占有相当大的比例，但经过这几年的发展，那些获得投资的创作主体大部分都是由完整的团队创作和维护的，他们已经不能算是真正意义上的自媒体了。

在 2016 年的天猫红人节上，papi 酱可谓是最大的赢家，用搞怪、独具特色的视频吸引了一大票微博粉丝，时至笔者截稿，微博粉丝人数已经接近 2500 万（见图 1-4）。由于她的大部分视频都是在家中拍摄的，而且视频中只出现了她一个人，很多人就会认为她属于草根创作者，其实事实并非如此，她是在中央戏剧学院受过专业训练的研究生，她自己也表示，每天她要花费大量的时间研究如何将视频拍得更好，为了保证视频的效果，其中的一句话、一个动作有可能要拍上好几遍，这样大家还觉得她生产内容的门槛低吗？

图 1-4　papi 酱微博粉丝人数

随着生活水平不断提高，人们的审美也有了大幅度提升，对“颜值”的追求越来越高，这也是对内容创作者提出的新要求，是一个新的门槛。现在在微博上比较火的，像 papi 酱、张大奕、卧蚕阿姨等，她们可以火起来不仅仅是因为自身形象不错，更重要的是她们发布的视频、照片都是经过专业人士处理过的精修版本，可以带给观众美的享受。现在，大众的口味已经被时代提升，以前那些不加修饰的内容已经不能吸引他们，必须要在专业人士支持下产生的内容才可以在这个行业中脱颖而出。

魏武挥在腾讯汽车行业自媒体解决方案发布会上有以下发言："papi 酱也是很精致的，虽然是个吐槽的节目。我上个月在杭州的一个行业会当中，碰到了一个女孩子。那个女孩子给我看她做的视频，她觉得吐槽能力跟 papi 酱至少是一个量级的。看了视频后觉得很有意思，但是我看出来没有做很好的后期处理，连最简单的字幕都不会，同时也没有得到很好的剪辑。所以视频是需要有一些门槛和视觉符号的运用。"从他的话中我们可以看出生产内容在后期制作方面的重要性，没有强大的专业后期团队去修饰整个内容的话，很难成为下一个 papi 酱。

不仅团队的专业化非常重要，内容创业主体的专业化也非常重要，一些比较有名的内容创业者都是专业化人士，例如，大象公会的黄章晋出身于《凤凰周刊》，新榜的徐达内出身于《东方早报》，一条的徐沪生出身于《外滩画报》等。所以，要想进入这个行业，并且在行业立足，就要发展自己和团队的专业性。

papi 酱、罗振宇、徐达内这些大咖都是将内容生产作为自己的职业，职业化也已经成为了内容创业的新门槛。就像我们前面提到的 papi 酱，她将自己的大部分时间都放在制作视频上，这项工作俨然已经成为了她的职业，将生产内容作为自己的职业去用心经营，才可以生产出受到大众追捧的内容。那些"三天打鱼两天晒网"的生产者迟早会被这个行业淘汰。

现在的内容创业已经来到了夏天，竞争越来越激烈，从以前简单的文字和配图到现在的精致小视频，映射出的是门槛不断提高。这就给内容生产者提出了更高的要求，必须要生产出更有趣、更优质的内容才可以吸引大众。而这些内容的背后要有专业化和职业化的个人和团队做保障。

1.5 【案例】同道大叔：内容和商业有通感

同道大叔是一个知名的微博博主，粉丝数量众多，微博的主要内容是星座吐槽和从星座的视角讲述平凡人的情感故事。对于多数人来说，同道大叔是一个神秘的存在，提到他人们首先想到的并不是他本人，而是他所塑造的卡通形象（见图 1-5），头上顶着一撮毛，斜嘴坏笑，完全是一个猥琐大叔的形象。直到在接受 GQ 采访时，人们才看见他的庐山真面目，用一个流行的词语来形容的话就是“小鲜肉”，打破了人们心中的猥琐形象。同道大叔的真实姓名是蔡跃栋，毕业于清华大学美术学院，绘画能力很强，是一个名副其实的高颜值学霸。

图 1-5 同道大叔形象

同道大叔最初的微博都是一些人物简笔画，在这个过程中积累了许多年轻女孩的画像，后来他开始涉足有关星座的内容，从做星座内容开始，同道大叔的吸粉之路就一发不可收拾，渐渐的成为星座博主中的翘楚。其实，同道大叔对星座、星盘的研究并不擅长，是他之前的感情经历促使他走上了这条道路，不过没想到的是竟然可以做得如此成功。

同道大叔的成功离不开背后的团队，范苏是同道大叔的首席运营顾问，他曾说："在微博这块沃土上，段子手们可以肆意生长，同道大叔找到了自己的一席之地，但一旦粉丝量从几十万，上升到几百万、甚至几千万，就绝不能脱离一个团队的运营。"正是有了团队的加持，同道大叔才可以顺利地实现商业化。

从 2015 年起，同道大叔就开始向平台化方向发展，第一步就是把双微（微博和微信）的知识产权纳入公司的体系中，将其"公司化"，在深圳成立了同道大叔文化传播有限公司。不仅如此，为了使公司更加强大，发展更好，同道大叔名下还设有"同道创意"和"同道传媒"两家公司，"同道创意"的任务是进行公司的 IP 形态建设，建立同道大叔独有的星座文化品牌，"同道传媒"主要负责同道大叔的营销、传播。另外，他们还涉足出版和影视行业，有自己品牌产品，这是扩充内容变现的一次伟大并且成功的尝试。

微博上有不少自媒体，每一个都带有自己的特色，出位的方式也是各式各样，像 papi 酱就靠吐槽的短视频打响了名气，回忆专用小马甲的微博内容大多是他狗狗的视频和照片，依靠不同内容吸引了大量粉丝。范苏说："KOL 很大程度上依赖于个人，其生命周期和延展性都极为有限，而 IP 在这两个层面都能极好地解决瓶颈。"同道大叔要想长远发展就要实现向星座 IP 的转变。这是摆在同道面前的唯一出路。

对于同道大叔来说，如何实现这一转变是个棘手的问题，为了解决这个问题，他们采取了两个层面的措施。

(1) 首先将十二星座形象化，以前只有同道大叔是一个小白人的形象，十二星座并不具象，为了打造成一个独特的星座 IP，同道大叔发挥绘画方面的优势，帮每个星座设计了属于自己的形象，赋予它们生命（见图 1-6）。

图 1-6　同道大叔的 12 星座形象

（2）以前，提到同道大叔大家会不自觉地想到蔡跃栋，这样对于 IP 转型是不利的，所以，必须将蔡跃栋与同道大叔分离开来，让人们记住大脑袋头套形象。其公司说明，这样的做法是从两方面来考虑，一方面的考虑是蔡跃栋不是一个 IP，而“同道大叔”是一个 IP，这与直接出镜的 papi 酱情况不同；另一方面，将蔡跃栋从“同道大叔”中释放出来，其精力可以更多地投入到管理和其他创作中，比如创造第二个‘同道大叔’IP 形象。

通过这两个层面的做法，IP 转型方面已经小有建树。为了使同道大叔更好地实现商业化，下一步就是向品牌方向进化。范荪说：“此前，同道在微博、微信上提供的是内容产品，而升级为品牌的目的是提供更多其他类型的产品。”同道大叔确实是这么做的，他们推出了自己的自营品牌，并与其他行业的优秀团队合作，发展出版、影视方面的产品。在 2015 年和 2016 年，出版了《千万不要认识摩羯座》和《有我在，没人敢动你一根寒毛！》；他们还计划为每一个星座都量身打造一本出版刊物；在影视方面，出品了话剧《同道大叔吐槽 12 星座》和网剧《超能星学院》。

范荪说：“网生 IP 转化是同道文化的一个重要能力，也会是公司未来业务发展的一块重点布局。优质的自媒体既掌握着传播力也掌握着线上内容产品品牌，如果将这种传播力与品牌效应最大化，就要向其他产品形式转化，向线下沉淀。” 同道大叔为想要进行 IP 和品牌进化的自媒体提供了良好的范例。

一些媒体人认为，内容创作行业在广告和营销方面的业务成绩不太理想，整体呈现下滑趋势。对此，范苏表示，虽然现在自媒体的整体情况不太乐观，但还是有像 papi 酱、艾克里里等依旧火热的创作人，而且，自媒体可以不拘泥于传统的媒体形式，可以自己向其他方向转变，发展线下就是一个新的方向。

同道公司下面有一个分支是“同道制造”，专门负责同道衍生产品的设计、制造，制造出来的产品同时在线上和线下销售。与此同时，同道公司还与线下商城合作，举行一些活动，比如，2016 年 7 月 8 日，在广州正佳广场举行了“同道大叔 · 潮爆星座嘉年华”的活动，带动了线下产品销售额的增长。活动之后，范苏说：“现在已经有商场发出邀请，希望同道能够在其内部开设咖啡馆，商场愿意提供优惠的场地资源。”这样的话，同道就可以向餐饮方面发展，为自媒体拓展新的线下业务。

这样看来，同道的转型之路非常通畅，但是发展并没有一帆风顺，总是会有一些不确定的因素。提到同道的难点，范苏说：“现在资源准备虽然比较充足，但是跑起来后能够达到什么程度，还存在其他不确定因素。我们能够保证提供给市场的是一个我们用心制作的有诚意的好产品，但是这个产品是否能够让用户满意是需要检验的。”可见，实现自媒体的商业化也并没有那么简单。

发展线下业务也面临着不小的难题。现在线下的商店和商品数量庞大，发展起来也不见得能获得多大的收益，在这样的情况下，就要求同道严把产品质量关，严格挑选线下的合作伙伴，这是对自己好不容易塑造起来的形象和品牌负责，也是对喜爱自己的粉丝负责。

2012 年，自媒体开始发展起来，2016 年，papi 酱、艾克里里等网红的兴起促使了自媒体以迅猛的形势发展，越来越多的自媒体人脱颖而出，在自己的领域实现梦想。

同道大叔经过商业化的转变和发展，在微博和微信公众号上的广告收入可达到上千万元，整个同道文化的估值已经达到 2.5 亿元，并且他们的团队还在不断地开发新项目、研发新产品，未来的收益会更加可观。

2

内容定位要做好，否则风口就会对你关闭

内容创业的第一步是先将自己想要做的内容做一个定位，不要像无头苍蝇一样没有目标，到处乱撞。定位做得好不好，关系到你未来的发展空间能有多大。例如，同道大叔将自己的内容定位于星座，他在星座方面做得非常成功，可以说是前无古人。这时如果你把自己的内容也定位在星座上，想要发展成为佼佼者就会很难，因为前面已经有了同道大叔这个成功的先例，在先入为主的规律作用下，你的星座内容除非真的特别出色，否则很难取代同道大叔在人们心中的地位。这就告诉我们，在做内容定位时一定要从自身层面、内容市场情况等方面考虑，否则很难抓住内容创业的风口。本章将从个人定位、差异化定位、功能定位、内容形式定位、价值观定位等方面，向大家介绍如何做好内容定位。

2.1 个人定位：知道自己想做什么，要做什么

内容创业的发展为一部分人提供了新的生存之道，他们看到 papi 酱、艾克里里在这个行业中收了个盆满钵满，想要参与进去的想法蠢蠢欲动，梦想着有一天自己也可以成为一个坐拥百万个粉丝的明星，将自己的想法、故事向粉丝分享。当然，这样的憧憬是美好的，但是，在这么多想成为明星的人当中，又有多少真的成功了呢？而那些没有成功的大部分人也就沦为了鲜花的陪衬。

在如今这个利益化的时代中，赚钱占据了人们的大部分生活，人们不是在赚钱，就是在去赚钱的路上。那些想成为明星的人看重的无非也是这其中巨大的收益。想赚钱本身并没有错，但是在赚钱之前，我们应该先想一想我们自己想做什么、要做什么，不要单纯为了赚钱而去赚钱。

在内容创业中，有的人可以年入千万元，甚至上亿元，而有的人只能拿到人家的零头，为什么会出现这样的情况呢？主要的原因就是后者没有选对正确的道路，定位出现了问题。所以，在决定进行内容创业之前，一定要先从以下几个方面做好定位，如图 2-1 所示。

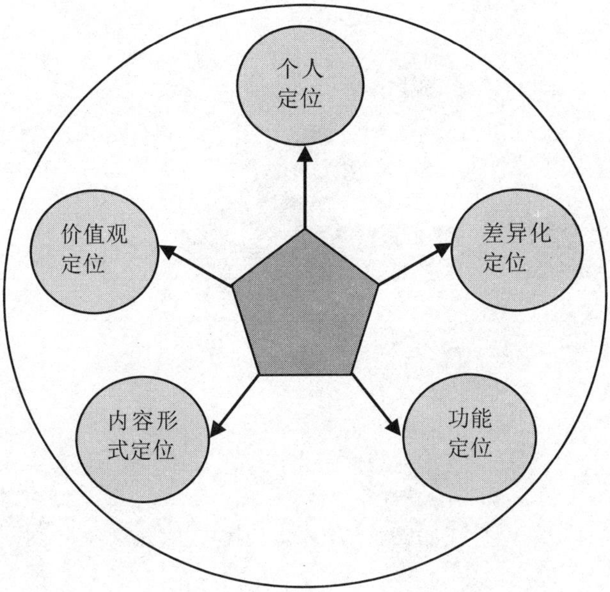

图 2-1　定位的 5 个方面

本小节就先来讲一讲个人定位的那些事。在进行个人定位时，大部分人面临的问题就是不知道自己的定位，不知道怎么去定位。对此我想说，在刚刚进行个人定位时，不要想着定位的精确性，就算是定位还没有考虑那么明确，也要朝着那个目标去发展；不要怕出错，出错是为以后积累经验，实现更大的进步，在这个试错的过程中，你可以了解你的粉丝在哪里，帮助你去实现最终的定位。

有的人可能会想：这样的试错到什么时候才可以结束，要是一直错下去的话，我的创业岂不是都泡汤了！其实不必担心，进行个人定位是有技巧的，在进行定位之前，我们先要对自己有一个深刻的了解。想清楚三个问题：想做什么？要做什么？能做什么？笔者将这三个问题转化为三点技巧，如图 2-2 所示。带着这三点技巧，就可以在定位时少走弯路，尽快使自己的创业步入正轨。

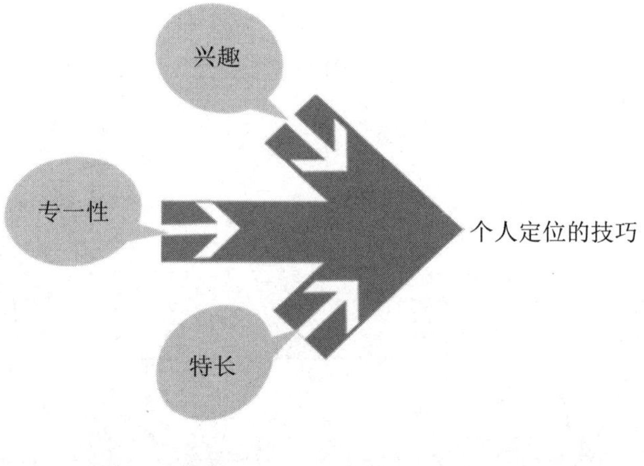

图 2-2 个人定位技巧

（1）兴趣

兴趣就是你想做的事，孔子曰："知之者不如乐之者，乐之者不如好之者。"道出了兴趣的重要性。当我们对一件事情充满兴趣时，在做这件事的时候我们就会非常有动力，也会做的很快乐，正是因为如此，我们才会更加用心地去对待这件事情，将它做得更好。如果一个不会也不喜欢化妆的人偏要往美妆博主的方向发展，怎么会吸引粉丝呢？这个定位就是不准确的。所以，在定位时要想好自己的兴趣。

自己的兴趣是什么？旅游？美食？如果喜欢旅游，也去过很多地方，可以试着去写几篇游记，再配上在路上拍下的优美的风景照片，因为是自己切身的体会，所以在写文章的时候如有神助，灵感源源不断，而且会给读者身临其境之感。这样一来，你的文章会逐渐被人们喜爱，这就是一个比较正确的定位。

(2) 专一性

专一性就是要做什么的问题。纵观 papi 酱、同道大叔、罗辑思维等比较成功的一些内容创作者，他们都有一个共同特性——专一性，也就是他们作品的方向都是固定的。papi 酱致力于短视频吐槽、同道大叔致力于星座、罗振宇致力于财经，他们的方向都很专一，像那种这山望着那山高的做法是不可取的。

我们以写软文为例，如果今天写财经，明天写体育，后天又要写美食，连你自己都不知道在写什么，又怎么能要求苛刻的粉丝去买你的账呢？在写作时应该瞄准一个点，不要天马行空，想写什么写什么。现在，我们提到星座博主首先想到的是同道大叔，就是因为它的定位专一，如果当初同道大叔并没有只做星座，比如还去做了财经、美食的话，那么他在星座界就很难有今天的地位。

(3) 特长

特长回答的是你能做什么的问题。特长是做好一件事情的基础，要根据自己的特长进行定位。有的人天生一副好嗓子，歌声优美动人，如果想要涉足内容创业的话，不妨去试试主播；有的人对色彩特别敏感，在服装搭配方面很有心得，就可以在微博和公众号上发一些有关服装搭配的文章，为广大爱美的女性提供服装搭配的建议。在依靠特长定位这方面，笔者认为，大胃王密子君是最具代表性的内容创业者之一。

一听这个名字，我们就可以知道这是一个以大胃著称的美食博主。2017 年 4 月，密子君向千亩花田发起挑战，一个个子不高、瘦瘦的小女孩在半个小时内吃完了 40 个鲜花饼，使得观众连连惊叹，被人们熟知。她的第一个视频《速食 10 桶火鸡面用时 16 分 20 秒》在哔哩哔哩网站大火，点击量达到了173.4万人次。截至笔者交稿，她的微博粉丝数量已经突破400万大关，足以看出她被人们喜爱的程度。密子君自己表示，从小她的胃口就比其他小孩子大，长大后更是比一般人要能吃，她就靠着自己的这个特长录一些吃东西的视频，成为了一个“吃播”，再加上甜美的外形，慢慢积累了众多粉丝。密子君就是抓住了自己胃口大的特长，将自己发展成为一个“吃播”，靠着明确的个人定位，使自己的事业蒸蒸日上。

个人定位是做内容定位的第一步，关系着整个内容创业的大局，在定位时要牢记以上三个问题：想做什么、要做什么、能做什么。将这三个问题的答案带到个人定位之中就可以成功地实现精准的个人定位。

2.2 价值观定位：真善美、亲情、友情、爱情、自由、独立

内容创业与一般的创业不同，它的产品是软性化的。无论是小视频、文章还是直播，其中都会透露出创造者个人的思想，是其价值观的体现。人们通常会根据自己的兴趣去选择内容，喜欢星座的会选择星座内容；喜欢旅游的会选择游记国。但兴趣只是人们的外在体现，真正可以留住人的是内容背后的价值观，只有在价值观上与读者或者观众产生共鸣，才可以将他永远地变成你的粉丝。所以，进行价值观的定位就成为了内容定位的又一要点。把握价值观定位可以从以下几点进行，如图2-3所示。

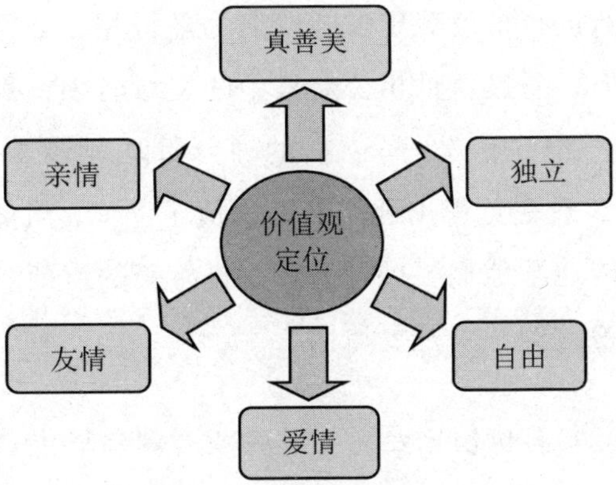

图 2-3 价值观定位图

我们每天在手机、电脑上看到的内容是各式各样的，有爱情、亲情，还有彰显自由、彰显独立的，这些形形色色的文章和视频总是能在某些方面给我们触动。在进行价值观定位时，我们首先要确定图 2-3 的几个要点，你是要往亲情、爱情还是其他的方面发展。在确定方向的时候，我们还可以按照第一小节的三个技巧来进行。如果你爱情经历丰富，在爱情方面有独到见解，那么就可以发一些爱情类的软文，为迷失在爱情路上的人们指引方向；如果你的家庭和睦，生活中充满了小确幸，那么就可以将这些小事用文字或影像等方式记录下来，分享给大家。我们常说："生活中并不缺少美，只是缺少发现美的眼睛。"没错，只要我们肯用心去发现，就一定能找到真善美的素材，也许是为环卫工人递上的一杯热水，又或是牵老人过马路的一双手，都是值得被我们记录下来的。

不只是方向上的价值观很重要，内容中体现出来的价值观也非常重要，将内容的价值观定位准确才可以吸引并留住粉丝。世相的账号曾经被封，给了创始人张伟一个巨大的打击，在接受采访时曾说："世相被封，是一件很失败的事情。"不过，之前世相中一些文章的言论确实是不符合主流的价值观，价值观定位不准确。但是，世相并没有因此就颓废下去，而是卷土重来，重新进行价值观定位并改名为新世相，开号仅仅一个小时，粉丝数就已经破万，通过新世相公众号中的文章名字，我们就可以看到其价值观的变化。比如，“喜欢一个人，的确会和他/她越来越像”“今年夏天的50个戳人瞬间，看完觉得出那么多汗也值了”等。虽然没看内容，但是名字已经向我们传达了他们要展示爱情、真善美的价值观。这是他们能够重生并获得大批粉丝的一个重要原因。

内容，一定要有价值，要能为读者或者观众提供些什么。在腾讯财经“壹克自媒体联盟”峰会上，孟阳在演讲时说过这么一句话“我们绝不会推送单纯挑逗情绪只为博取眼球的文章”，是呀，这样的文章也许可以激起一时的浪花，但要想长流恐怕就不那么容易了。有价值的内容应该是向人们传递一些正能量，能够给迷茫的人们一些前进的动力。一个失恋的人看到你推送的关于爱情的内容，渐渐走出了阴霾，重新收获了生活的希望，这就是有价值的内容，就是正确的价值定位。

在现在的内容生产行业，虽然门槛一直在提升，但也不乏垃圾内容的制造者。他们只关心自己的浏览量、点击率、粉丝数，为了博众人的眼球，无所不用其极，挖空心思去搜集那些能够吸引粉丝，激起粉丝兴趣的素材，而对内容所要传达的价值观不管不顾。这样的确是可以引起人们的关注，达到涨粉的目的，但是粉丝数量是会掉的。记得 2016 年，有一个主播因为某某事件被推上了微博热搜，当天的微博粉丝人数就破百万，但是过了几天，事件的风头过去之后，粉丝人数就只剩下几万了，再去看微博内容，全是一些毫无营养的垃圾信息，这也许就是他大量掉粉的根源所在吧。这个例子告诉我们，虽然那些吸引眼球的垃圾内容可以在短时间内得到大家的关注，但人们都是抱着看戏的心态去看他们哗众取宠，要想在人们心中长久地留下印记，还是要靠双方价值观的共鸣。

无论是多么渺小的个体，都可以发出自己的声音。只是在这个点击量、粉丝数当道的时代，这个声音似乎已经变质了，最终演变成“噪声”。现在人们看到的无论是文章也好，视频也罢，其中肯定会有垃圾内容的存在，这些内容可能被读者厌烦，也可能在某一天突然被封号，但总是逃不过被淘汰的宿命。要想长久活跃下去，依靠“噪声”可不行，而是要生产那些“乐音”。

张一鸣是今日头条的创始人，他曾经说过：“技术是没有价值观的！”这句话很对。对此，笔者想说的是，虽然技术没有价值观，可是内容有；虽然技术没有对错之分，可是内容有。正因为如此，技术没有具体的标准，可以自由地发挥，而内容就不同了，虽然也有自由发挥的权力，但是这个权力被限制在了正确价值观的框架之中。

“人之初，性本善”，人们的心都是善良的。即使有一些人可能会做出一些伤害别人的事，但是，笔者相信他们肯定有自己善良的一面。这就说明了，我们社会的主流还是向善的，将内容定位在这样的价值观基调上才可以引起人们的共鸣。摒弃那些情绪化、阴谋论、低俗的垃圾内容。

2.3 内容形式定位：软文、短视频、直播、漫画

在内容创业初期，软文是主流的内容形式，像一些付费阅读的小说、公众号文章等。随着时代的发展，现在的内容形式越来越多元化，主要有软文、短视频、直播、漫画四种形式。短视频是现在最活跃的一种内容形式，比如 papi 酱、艾克里里、二更视频等。直播现在虽然比较低迷，但还是有阿冷、冯提莫等直播大咖在支撑。漫画中有郊县天王老田、有妖气等，发展的也是可圈可点。内容形式的多元化为内容创业提供了更多的可能性，

根据新榜的统计数据显示，现在各大平台的创业者数量正在不断增多，内容创业依然呈迅猛的态势发展。从业者的增多加剧了整个行业的竞争，想要在这个行业立足就更加需要擦亮双眼，精准定位。

现在的内容创业和最初的相比起来有很多不同，以前可能写写文章就算是创业了，但是由于现在内容形式的多样化，在进行内容创业时就要考虑好要做哪种内容形式的创业，视频？漫画？还是直播？这就是内容定位的第三点——内容形式定位。不同的形式适合不同的人群，在定位时一定要慎重，不过无论选择哪一种形式，最重要的都是用心地做好它。本节就从内容的各个形式出发来谈谈内容形式定位。

（1）软文

软文是互联网营销下的产物，以故事、道理、观点等向读者推销某个品牌或者是产品。软文的利益来源是品牌和产品持有者，比如，你为某一个淘宝商家写了一篇商品软文，他就要给你相应的报酬。在这个过程中，创作者只需要将自己的文章交给商家就可以了。现在的微博、资讯网站、微信公众号中都存在着大量的软文，分布范围可谓是非常广泛，所以这个形式的需求也比较大。

再来说软文创作者，完成一篇文章并没有那么简单，尤其是对于那些打算向软文高手方面发展的创作者，他们需要不断寻找卖点，探索读者的需求来使自己的文章质量得到提升。当文章达到一定质量时，就会被越来越多的读者喜爱，这样一来，他们文章的含金量会越来越高，获得的收益就越多。

那么什么样的人适合将内容形式定位在软文上呢？应该是有一定的文字基础、文笔好的人，这样写出来的东西才可以吸引读者。如果写得一塌糊涂，文字不通畅，毫无逻辑和重点，读者可能读到一半就会退出来，根本起不到推销产品的作用，那么你的文章就是一篇废文。大家可以看看一条、大象公会中推送的软文，作者的文笔都非常不错，所以他们才可以发展到现在。

（2）短视频

最近两年，短视频的发展可谓是风生水起。从 papi 酱开始，短视频就迎来了自己的春天，比如二更、办公室小野等都吸引了众多粉丝的关注。根据 Talkingdata 发表的《移动视频应用行业报告》报告中的数据来看，短视频的用户增长率是最大的，同比增长了 401.3%，由此可以看出其受欢迎的程度。虽然短视频的增长数据是乐观的，但是要想在众多短视频中杀出一条血路，也并不是一件容易的事。

与软文相比，短视频能够通过表情、语言、动作更直观地表达创作人的心情，带动观众的情绪，而且，在达到幽默、煽情、吐槽等效果方面，短视频更加具有优势。随着 4G 和 Wi-Fi 的普及以及移动设备的升级优化，短视频越来越被人们喜爱，大大激发了人们的需求。以前的视频主要是由专业人士生产的，而现在已经打破了这种局限，涌现了越来越多的草根制作者。视知传媒的创始人马昌博曾说："就像我们从原来的马车时代到现在的汽车时代，内容的碎片化和可视化是时代大潮的转折，是不可逆的。"这就为想要进行短视频创业的创业者提供了有利的环境条件。

但是，短视频创业不是你想就可以成功的，如果你的视频内容不好，就得不到大众的喜爱，那么获得赢利也就无从谈起。如果你打算将内容形式定位为短视频，那么你的视频就要注重以下几点，如图 2-4 所示。

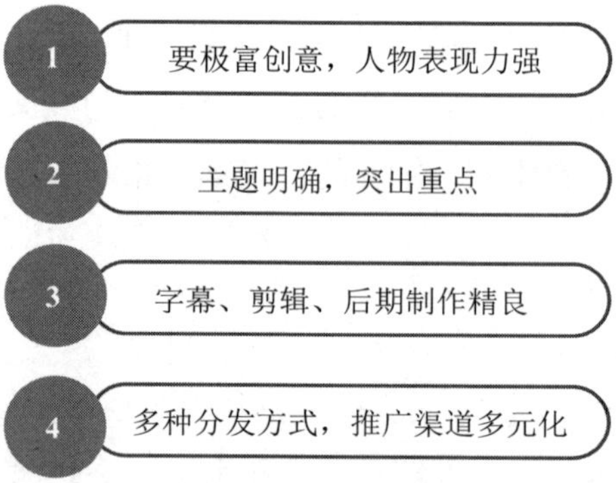

图 2-4　短视频要点内容

虽然按照现在的发展趋势来看，短视频是一个不错的定位选择，机会众多，但是在这个短视频大潮中，成功的总还是少数，大多数人扮演的还是绿叶的角色。不过，没有尝试之前谁都没有下结论的资格，万一有一天你成为了下一个 papi 酱、下一个二更呢，这是非常有可能的事。所以，既然定位好了就不要退缩，大胆去干吧！

（3）直播和漫画

虽然现在很多直播网站和主播被封，但是在近几年的发展下，直播积累了不少的粉丝基础，所以做直播内容还是有利可图的。现在主播的数量不少，但是大部分都缺少特色，甚至还有许多低俗、色情的内容，这样的内容根本不能长久地吸引住粉丝。如果你真的想涉足直播行业的话，就要培养自己的特色，多传播一些正能量的内容，拒绝低俗、色情。

漫画内容与以上三种比起来，并不算是主流，所以有很大的发展空间。漫画内容需要创作者有很强的绘画能力，而且要富有想象力，这样的形式比文字更有表现力。可以试着将自己生活中发生的事情，在路上看到的事情用漫画的形式表现出来，如果真的想在漫画界闯出一番名堂，可以去看看郊县天王老田的微博，借鉴他漫画中的可取之处。

在进行内容形式的定位时，我们要先考虑个人定位，选择自己擅长的方面，还要综合考虑各个形式的现状，选择最有可能出彩的形式。

2.4 功能定位：新闻、娱乐

随着内容创业如火如荼的发展，它的功能已经不再局限于以前那种“一对多”的新闻信息的范畴了。由于内容创业功能的不断扩展，能够满足大众需求的范围也越来越大，所以会被越来越多的大众追捧，造就了如今它在网络上的地位。

内容创业与其他类型的创业相比，在某些方面有着自身优势，尤其是在内容功能被扩展之后，总是能够对社会造成不同程度的影响。而影响的领域和范畴与内容功能的定位有着千丝万缕的联系。所以，在进行内容定位时，功能定位也是一个不得不考虑的因素。一般来说，现在的内容功能主要有以下两种，如图 2-5 所示。

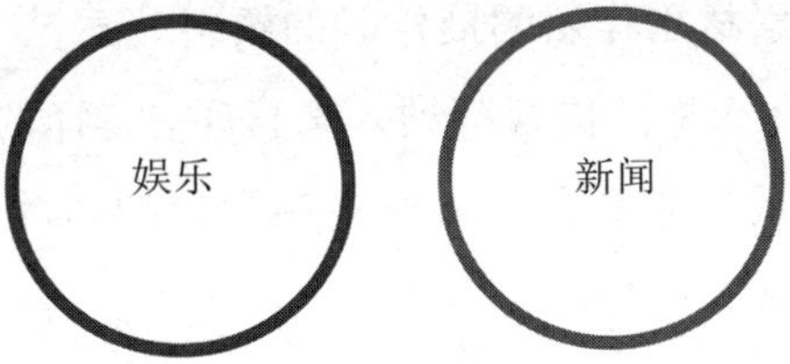

图 2-5 内容功能

（1）新闻功能

我们的大脑每天都要接受大量各式各样的新闻，有国家新闻、娱乐新闻、国际新闻等。人们对新闻的需求量是非常大的，就拿每分钟更新一次的微博热搜来说，每次更新都会出现不同的新闻，可见新闻内容的巨大市场。新闻的需求量大是一个优势，但不可否认的是，新闻更新的速度也快，这就需要创作者不断创作新内容来适应新闻的变化。

要想将内容定位为新闻功能，就得保证新闻内容的质量可以受到大众的喜爱，吸引更多的粉丝。做好新闻内容应该把握以下几点，如图 2-6 所示。

“新”	始终保持高度的新闻敏感性，善于发现新闻线索
“精”	积累大量的新闻素材，选好新闻主题
“奇”	找题材，选角度

图 2-6　做好新闻内容的要点

新闻内容最重要的就是一个“新”，所以一定要培养高度的新闻敏感性。如果你的新闻内容在新闻发生之后好长一段时间才发出来，估计也没有人愿意去看了。如果想创作出优质的新闻内容，就要善于发现新闻线索，平时也要积累新闻素材用作新闻创作时的资料。不过，在积累素材的时候要进行筛选，不要什么样的内容都纳入素材库，选择的时候要做到“精”。最后还要选好新闻的主题和角度，要想在大量的新闻内容之间脱颖而出，主题和角度就应该做到“奇”。

新闻内容应该是在新闻发生后的第一时间，趁着“新鲜”的时候赶紧进行创作，不要等到热度过去之后才将内容推送给观众和读者。到那时，他们已经从别的地方满足了自己对新闻的“好奇”，那些滞后的新闻内容也就失去了本来的新闻价值。

大多数的新闻内容都是以文章的形式出现，新闻类的短视频似乎是这方面的一个缺口。如果你真的打算将内容功能定位在新闻上，不妨试着朝新闻短视频的方向发展，可以是对热点新闻发表自己的看法或者是深度剖析新闻内容等。

（2）娱乐功能

要说现在哪种类型的内容最能受到大众的喜爱，那一定非娱乐内容莫属。现代工作者在各方面的压力普遍都比较大，他们希望在闲暇的时间可以找到一种可以舒缓压力的方式，娱乐内容就充分满足了他们的这种需求。

在如今这个互联网当道的时代，娱乐的内涵已经不再只是娱乐八卦，而是有了很大程度的延伸，形成了“泛娱乐”现象。唐宜青是“橘子娱乐”的创始人，他曾对娱乐有着这样的定义，“娱乐就是给人快乐”。在“泛娱乐”的情境下，只要能够为大众带来快乐都可以视为娱乐。就拿“橘子娱乐”来说，它的主旨是为大众提供有趣且多元的娱乐内容，既然是多元，就不能是单纯的娱乐八卦，而是要涉猎广泛。“橘子娱乐”的内容就包括了明星、美妆、时尚、搞笑动图等多种类型，为大众提供了一场“泛娱乐”的饕餮盛宴，吸粉无数。

“泛娱乐”的形成和发展拓宽了娱乐内容的来源渠道，为娱乐内容创业者提供了更多的可能性。2016 年，腾讯企鹅媒体平台公布了阅读量上亿的企鹅号数据榜单，其中橘子娱乐、明星粉丝团、娱乐资本论、严肃八卦、林深之等娱乐账号在榜单中占据着绝对优势，这也从一方面展现了娱乐内容受到大众喜爱的程度和广阔的市场。

“谈资”的运营总监在谈到“谈资”取得巨大成功的秘诀时，曾表示，我们时刻都在关注着热点，做到将娱乐内容与热点完美衔接。他说：“我们内部有一个共识，就是热点大于新闻，情绪大于观点，观点大于内容，内容中的情感逻辑大于事实逻辑。”由此可见，“谈资”打的是感情牌，用双方的情感共鸣来维系粉丝。根据“谈资”“超高能 E 姐”“韩松落见好”等较为成功的娱乐自媒体所分享的成功经验来看，可以将做好娱乐内容所需要素概括为 5 点，如图 2-7 所示。

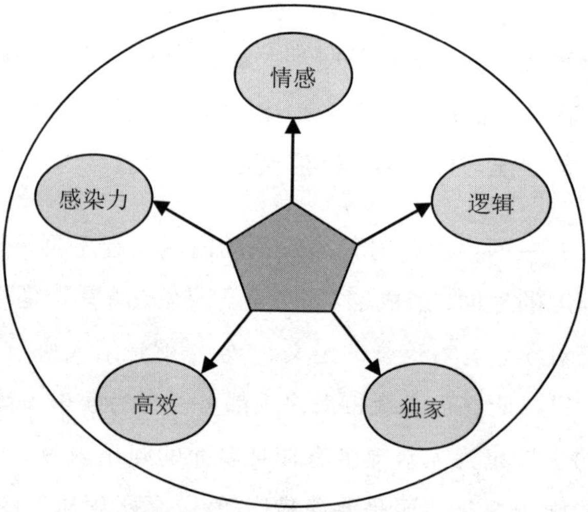

图 2-7　做好娱乐内容的 5 个要素

掌握以上 5 点可以使娱乐内容的质量得到大幅度提升。如果还想往更高的层次迈进，可以对娱乐内容进行垂直化定位。以“娱乐资本论”为例，它将自己的娱乐内容定位在资本娱乐层面，从资本层面出发，为读者讲述娱乐产业从以前到现在的变化和发展。还有“桃红梨白”的内容娱乐功能定位在生活层面，将明星们的生活经历与平凡大众的生活、情感结合起来，为双方创造出微妙的交集。

无论是新闻还是娱乐，都应该坚守底线，不要为博一时的眼球，就去触碰那些低俗的内容。新闻的更新速度为新闻内容的创作提供了各种各样的素材，“泛娱乐”的发展为娱乐内容创造出更多的可能性。在这样的情况下，完全可以避开那些没有内涵、没有价值的内容，用独到的眼光挑选有内涵、有价值的内容去充实自己的新闻、娱乐内容。

2.5 差异化定位：文化取向、个性

近几年来，内容创业越来越火热，公众号、各种博主、直播红人如雨后春笋般发展起来。这样的情况虽然体现了内容创业的火热程度，但也使各领域的内容出现了严重的同质化现象。就拿微信公众号来说，搜索“旅行”这个关键词，符合条件的公众号可以出现好多，文章就更不用说了，数量更加庞大。作为读者，从这些公众号和文章中选择出要看哪一个，简直是令人头疼。在这样的情况下，内容的差异化就显得尤为重要，并且已经成为能否吸引大众的一个非常重要的因素。所以在对内容进行定位时，差异化定位也成了必不可少的步骤。

差异化代表着与众不同，在这个内容横行的网络时代，要想突出重围，脱颖而出，就必须要张扬个性。美国的艾•里斯•杰克•特劳特曾说：“根据定位理论，人们心中有一个空位，这是各个厂家竞相争夺的地方。如果这个位置是空的，要装满它很容易；如果这个位置已经被占据了，要填补就很困难。在这种情况下，要想占据人们心中的一个角落，就必须重新定位。”这段话是要告诉大家，填补空白很容易，而要替换已经填补上的空白非常困难。所以，要想减小内容创业的阻力，就应该将眼光放在发展还是空白的地方，而不是把重心放在要替换谁的问题上。这样一来，就体现了内容创业中差异化定位的重要性。在进行差异化定位时，“文化取向”和“个性”是两个重要的关键词。

先来说文化取向。如果内容带了文化取向的标签，那么它一定可以为大众带来某些教育意义。这样的内容在当今这个碎片化时代显得尤为珍贵，也更容易受到大众的喜爱。虽然热点上的问题能够在短时间内吸引大量的关注，但是时代在发展，热点终究会被另一个热点取代，到那时，内容就会失去它的价值。最终还是那些能够传递文化的内容才可以细水长流，异军突起。实际上，具有文化取向的内容与其他内容相比，已经有了差异。在进行内容创作时，我们要先确定文化取向，就像罗辑思维，每个视频、公众号中的文章都会带给观众和读者文化上的洗涤，最有特色的就是在视频和文章中向人们推荐好书，为喜爱读书的人提供便利。他们定位的取向就是向人们分享知识，由此树立起自己的特色。

接下来是个性化。个性化是差异化定位的重点，在众多千篇一律的内容中，总要有些个性才容易被别人发现，这就需要在创作时体现内容的个性化。个性化指的是区别于一般大众化的东西，用另类、特别的内容吸引他人的眼光，可以说是标新立异、别开生面，追求独具一格、与众不同。简而言之，就是你的内容要与别人的内容不一样，这样的内容才容易吸引更多的粉丝。

个性化似乎是每个行业都在不懈追求的目标，制造业追求产品的个性化、服务业追求服务的个性化。在广告语中，个性化定制、个性化设计也成了常见的描述。各个行业之间彼此相通，内容创作行业也要跟上潮流，实现内容的个性化。

内容创业的个性化并不仅仅是发展非大众的内容，更重要的是对系统性和专业性的高要求，将自己经营的内容打造成一个高度垂直的网络信息系统。想要实现内容创业的个性化，应该掌握下图中的 3 个要点，如图 2-8 所示。

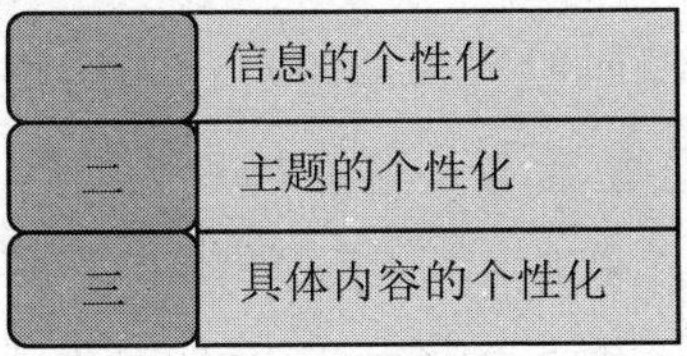

图 2-8　个性化的 3 个要点

（1）信息的个性化

信息的个性化指的是在进行内容创作时要有固定的方向，发布的主体内容也应该统一，不要今天发体育、明天发旅游……就像大胃王密子君，她在微博中发布的内容基本上都是吃东西的视频；还有新世相的公众号，大部分都是关于爱情的文章，诸如此类的例子还有许多，在此不再一一列举。信息的个性化，与个人定位中的专一性有着异曲同工之处。

（2）主题的个性化

主题的个性化是非常重要的一部分，内容的主题在很大程度上影响着内容创业能否成功。在选择主题时，我们要选择那些还没有人涉猎，或者是还没有人做得非常好的主题，也就是商界常说的蓝海市场。就像同道大叔和 papi 酱，一个是在星座还没发展起来时激流勇进，一个是抓住了吐槽短视频的有利市场获得了成功。每天我们都要接收来自网络的大量信息，对于哪些内容是缺口应该有所了解。在进行差异化定位时就要整合这些信息，看看哪些可以开发成个性内容，并将这些内容定为主体，借此获得更多粉丝的喜爱。

（3）具体内容的个性化

个性语言是内容创作者在具体内容个性化上的一个突出体现，就像 papi 酱的每个视频中都会出现的名言："一个集美貌于才华于一身的女子"、大胃王密子君喜欢用“糯叽叽”来形容自己吃的食物、艾克里里经常会用“一般人你们买不起”这些话等。这些都是他们的个性语句，可以让大众更好地记住他们。所以在创作内容时，要尽量出现一些有代表性的个性语句，这对提高影响力很有好处。除了语言的个性化外，还有图文的个性化，其中包括图片内涵、类型以及整体排版等方面。就像十点读书，从文字大小、颜色、配图以及排版方面都展示了自己的个性，还有前段时间在人民网微博上因为其独具特色、个性十足的配图被推上风口浪尖，获得了极大的关注。在图文个性化这一方面，不妨去看看十点读书中的文章，寻找一些灵感。

2.6 【案例】罗辑思维：有种、有趣、有料

2012 年 12 月 21 日，罗振宇带着与申音共同打造的“罗辑思维”视频节目正式上线，与此同时，同名的公众号也在微信平台上线。“逻辑思维”的口号是“有种、有趣、有料”，如图 2-9 所示。标榜“帮大家读书”，其主要内容是罗振宇向观众分享自己读书后的心得体会，引起人们的独立思考，而且还会推荐好书供观众参考。在这档节目中，罗振宇用他丰富的知识储备和幽默生动的语言特色获得了广大人民的喜爱，在自媒体界闯出了自己的一片天。

图 2-9　罗辑思维口号

2014 年，在由凤凰视频和凤凰卫视资讯台共同举办的第一届“视频新闻盛典”上，罗振宇被授予“自媒体奖”，获得了同行的认可，打响了在自媒体界的名气。随着节目的不断发展、成熟，“罗辑思维”已成为自媒体界最火热的节目之一，在自媒体界占据了重要地位。通过几项数据就可以得到验证，优酷上的视频总播放量达到了 7000 多万次，订阅微信公众号的用户也超过了 110 万，最亮眼的成绩是会员人数和会员费用，通过两次会员招募，“罗辑思维”收获了将近 3 万个会员，会员费用也达到了上千万元。正是由于这些成就，“罗辑思维”的估值达到了 1 亿美元左右，并且还在节节攀升。“罗辑思维”能够取得如此巨大的成就，与它成功的内容定位和优秀的内容是分不开的。

现在人们大部分时间都用在工作上面，即使在空闲的周末也很少有人可以静静地坐下来，认真读一本书。而“罗辑思维”就抓住了大众的这一痛点，帮那些有求知欲却没有时间和精力读书的人去读书。罗振宇和他的团队都是具备丰富知识的人员，他们依靠这个优势，从大量的畅销书中挑选高质、优秀的书籍，然后罗振宇将自己的读书心得分享给观众。这样的形式是“知识”与“趣味”的完美结合，使人们在上网的同时学到了知识，这种形式的内容在之前是没有出现过的，对于追求新鲜感的大众来说非常有吸引力。“罗辑思维”就是把握了“帮别人读书”这一个性化的广阔市场。

“罗辑思维”在视频的制作方面非常用心，视频的画面、语音的质量都可以称得上上乘，而且视频的节奏把握得当，在视频的中间部分会有两次中断，向观众推荐好书、对微信公众号进行介绍、推广。这个中断就像是下课休息一般，给观众一个休息缓冲的时间，这样一来，整个视频看下来就不会觉得很疲劳，是一个人性化的设计。

“罗辑思维”对观众和读者的教育意义重大，罗振宇讲述和推荐的书大都能带给观众启发。视频和文章中的内容并不只是单纯的语录和段子，也不是那些毫无营养的心灵鸡汤，也没有矫揉造作的表演，它所展现出的更多的是对历史的真实阐释和对某些社会热点问题的深刻剖析。这些内容在独立思考和理性判断方面给了观众和读者极大的启发，对于大众来说极富价值。

要想内容出彩，就不可以太无趣。观众和读者是非常挑剔的，只要内容无趣，他们就会狠心地拒绝，久而久之，就会被这个行业淘汰。纵观 papi 酱、高晓松，哪个不是费尽心思想要提高内容的趣味性。“罗辑思维”当然也是这么做的，不然也很难发展到现在的地位。提起罗振宇前央视主持人的头衔，大部分人可能会不由自主地给他贴上严肃、一丝不苟的标签，但他偏偏不是那样，看过“罗辑思维”节目的观众应该知道，罗振宇风趣幽默，在节目中还会时不时地进行自我调侃，整个节目的节奏欢快轻松。如果“罗辑思维”仅仅是机械性地向人们讲述知识、介绍书目，肯定不能获得那么多的粉丝，达到那么高的视频点击量，节目也不会那么成功。“罗辑思维”能有今天的成就，它的“有趣”占了军功章的很大部分。

在“罗辑思维”中不得不提的是它的经典 60 秒语音。罗振宇每天都会为粉丝奉上一段 60 秒语音，不多一秒也不少一秒，就是正好的 60 秒，从公众号开设那天起就一直在坚持，罗振宇说未来依旧会坚持。对此，许多人的心中都会产生这么一个问题：“为什么一直都是 60 秒？”罗振宇自己在语音中也回答过，他说：“一个简单的动作，做一次很简单，做两次也很简单，但是一直坚持下来就很难，而他所积累的能量就不得了了。现在，这不多不少的 60 秒语音也许没什么，但是如果这么坚持 10 年，没准还真能成点什么。”这个回答非常到位，的确是这样。在现代社会中，坚持是一种非常珍贵的品质，这个回答给我们上了生动的一课。

实际上，这 60 秒的语音不只是罗振宇的坚持那么简单，最重要的是背后的营销目的。这个做法是罗振宇这个“自媒体老江湖”为了更好地宣传“罗辑思维”而采取的一种手段。如果每天的时间不是固定的，今天 49 秒，明天 53 秒，就不会那么容易被人们记住。像这样每天都是 60 秒，时间久了就会成为“罗辑思维”的标志，只要一提到 60 秒语音，人们就很容易联想到罗振宇的“罗辑思维”。

“罗辑思维”凭借一人、一桌、一椅在内容界发展到如今的地位，实属不易。“有种、有趣、有料”的口号、“死磕到底”的精神、各项精准的定位都为此填了砖、加了瓦。“罗辑思维”走到现在，已经不单单是自媒体、脱口秀了。它通过向观众传递对知识、自由、品质的理解和希望，形成了一个富有强大精神的群体，吸引了大量的粉丝。

在 2015 年时，“罗辑思维”的估值是 13.2 亿元，到了 2017 年年中，估值已经达到了 70 亿元。短短两年就能达到这么多的增长，是不是为内容创业者树立了信心？虽然成为第二个“罗辑思维”非常难，但是我们可以通过向它学习，带着学习成果去走自己的内容创业之路。

3

把握好读者定位，按照受众喜好写内容

内容创作出来是要给大众看，创作者只有创作出大众喜欢的内容，大众才会为你的梦想买单。所以，在进行内容创业时一定要进行读者定位，按照定位人群的喜好有针对性地创作内容。如果在创业时忽视对读者的定位，那么内容吸引来的粉丝是不固定的，粉丝数量的浮动会比较大。就拿微信公众号来说，如果今天发年轻人偏爱的内容，明天发中年人偏爱的内容，那么当中年人偏爱的内容出现时，年轻粉丝可能会流失很大一部分。长此以往，根本留不下忠实的读者粉丝，只能吸引一些根本带不来效益的“僵尸粉”，也就不能实现内容创业的初衷。而那些针对固定读者阶层创作出来的内容，带来的都是一些忠实粉丝，一旦留下就不会轻易流失。

3.1　年龄阶层

要想对读者进行精准定位，我们应该从图 3-1 中的 4 个方面考虑，按照各个阶层的顺序有步骤地进行。

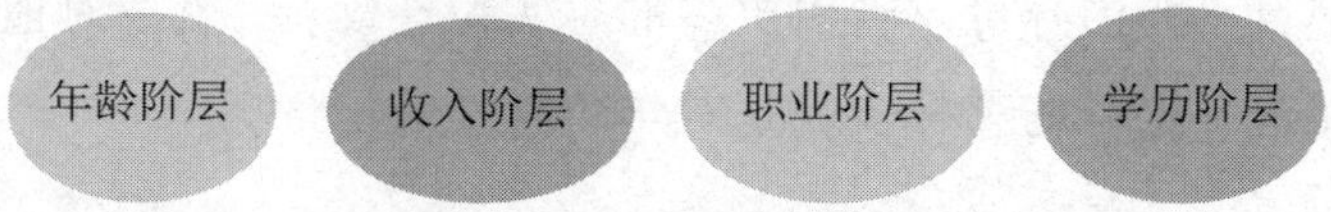

图 3-1　读者定位的 4 个方面

内容创业者非常看重公众号、微博的粉丝数量。我们经常可以看到某某公众号粉丝数破千万，全公司上下共同庆祝之类的信息，那么为什么他们如此看重粉丝数量呢？原因就是粉丝不仅可以提高他们的知名度和影响力，还可以为他们带来实质性的经济利益。所以，每个内容创业者每天都在绞尽脑汁地考虑如何将自己的内容做好，吸引更多的粉丝。

虽然粉丝数量对于内容创业者来说非常重要，但更重要的是粉丝的质量和忠诚度，不管是通过什么方式吸引过来的“僵尸粉”都不能成为长久的资源，只有那些忠实的粉丝才是最坚实的后盾。

举一个最简单的例子，假如某个公众号推出一款与自己相关的周边产品并在公众号中宣传，对于那些每天都关注公众号内容的忠实粉丝，肯定能看到宣传文章，也会毫不犹豫地购买，而“僵尸粉”根本不会去看公众号推送的文章，更不要说花钱去买周边产品。“僵尸粉”除了能够带来粉丝数量的增长外，并不会产生太多的效益，这就是忠实粉丝和“僵尸粉”之间的经济效益差异。

对于一个公众号来说，读者不一定是粉丝，但忠实的粉丝一定是读者。一篇文章撰写出来，有人读才算实现了价值，读到最后就是实现了价值的最大化。所以，在这个价值竞争的时代中，为了真正地实现内容创业的价值，不能再按照以前“粉丝数量为王道”的作风行事，而应该追求“忠实粉丝读者数量为王道”的目标。

要想自己的内容可以吸引更多的忠实粉丝读者，就要对他们进行精准定位。而这个定位的第一步就是对年龄阶层的定位。

不同内容对不同年龄阶层读者的吸引力是不同的，比如，养生和健康之类的内容，对老年人阶层的吸引力会比较大；美妆、服饰搭配等内容对年轻女士的吸引力比较大。所以，要先想好你的内容是要为哪一年龄段的读者服务，然后根据各个年龄段读者的特点来创造内容。当推送的内容都是为某些特定的读者而创作，并且这些内容对他们都有较大的吸引力时，那么这个关注会是持续的，这样一来，这些特定的读者就是能够产生经济效益的忠实粉丝。

因为内容创业互联网媒介的特殊性，所以年轻人阶层是粉丝读者中的主力军，市场潜力巨大。像橘子娱乐、同道大叔都将自己的读者定位在年轻人群体，受到了粉丝大力追捧。虽然现在智能手机已经达到了几乎人手一部的状态，但对于老年人来说，手机最常用的功能还是通讯。无论是在公众号中读文章，还是在微博中看视频，都还是少数，在内容创业方面，老年人的市场是比较狭窄的。所以，在进行年龄阶层的定位时，一个聪明的创业者应该将眼光放在市场广阔的年轻人阶层。

“知己知彼，方能百战百胜”，在各方争相拉拢年轻人的这场战役中，要想取得胜利，就要充分了解年轻人的特点，如图 3-2 所示。在了解他们特点的基础上，就可以有针对性地创作出他们喜欢看的内容。

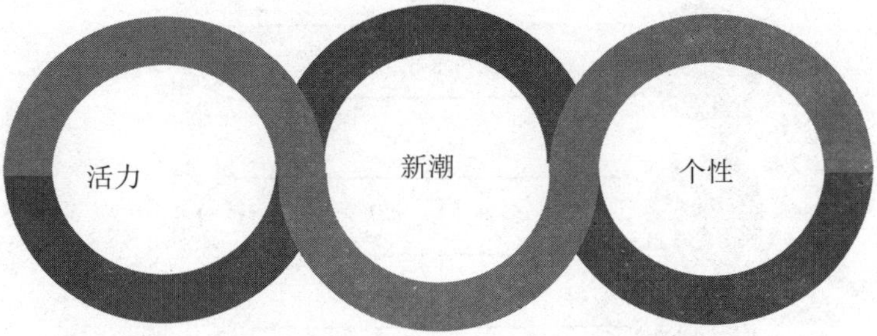

图 3-2 年轻人的显著特点

他们活力，内容就应该生动、灵活，无论是一篇文字死板的软文还是一场严肃、无趣的直播，都无法吸引他们目光。他们新潮，内容就应该紧跟热点；他们个性，内容就应该张扬个性，不随波逐流。总结下来，可以受到年轻人喜爱的内容应该具有以下特点，如图 3-3 所示。

图 3-3 年轻人喜爱的内容特点

这四个内容特点不仅仅是吸引年轻人的手段，更是任何一个内容创作者在创作时都应该遵循的宗旨。如果对 papi 酱、橘子娱乐、办公室小野等受到年轻人喜爱的内容进行深入剖析，以上四点一定可以出现在他们的标签墙上。

3.2 收入阶层

随着我国人民经济实力的不断增强，生活水平有了很大提高，收入情况也越来越可观，但是收入差距也是不能回避的现实存在。按照不同的收入可以将人们分为不同的收入人群，如图 3-4 所示。

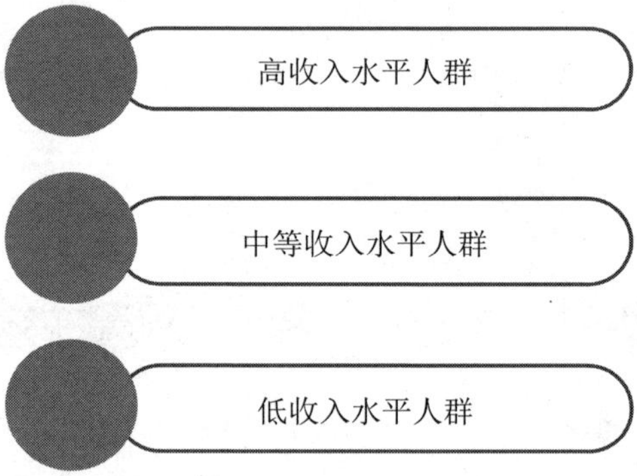

图 3-4　不同收入人群

我们还可以对上图进行细分，分为高、中、低三个收入等级。本小节以高、中、低的收入阶层分类来进行说明。

当今时代越来越明显的收入阶层划分，为内容创业者带来了收入阶层定位这个新的定位元素，这一定位在很大程度上影响着对于内容创业赢利渠道的选择。下面就对这个问题进行分析。

要想了解这个问题，必须先知道内容创业主要有哪些赢利渠道，如图 3-5 所示。

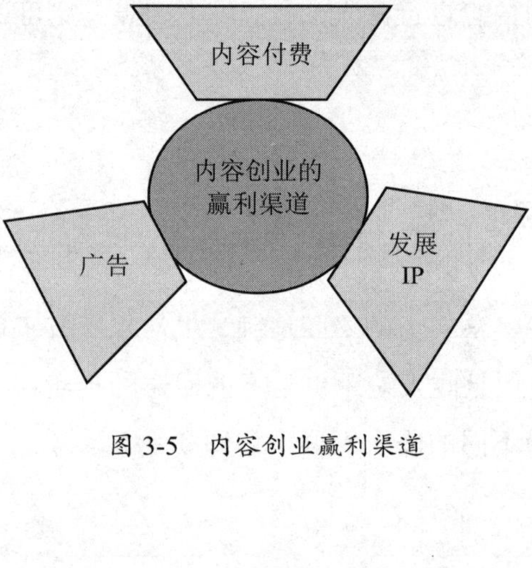

图 3-5　内容创业赢利渠道

先来说中等收入阶层，他们收入说多不多，说少也不少，除了日常生活必要的开销外，还可以有富裕的钱花在娱乐、消遣等其他方面。付费看内容、内容自媒体发展成 IP 后去买个周边产品、贡献个电影票房对于他们来说都不成问题。所以，他们可以在各个渠道中为内容创业者带来效益。而低收入阶层就不同了，他们的收入微薄，有时候养活自己都并非易事，更不要说为了某个博主、某个公众号的广告去购买一些产品，这三种渠道在低收入阶层中可以说都是行不通的，这就是中低收入阶层带来的赢利渠道的差异。

以上是中低等收入阶层的情况，那么高收入阶层呢？在笔者看来，对于高收入阶层，内容创业者抱有更高的期待，什么更高的期待呢？大胆发挥你的想象力，从 papi 酱、橘子娱乐上找共同点。最后还是由笔者来揭晓吧，答案就是投资。没错，投资。高收入阶层的收入是很高的，就算每天山珍海味，也还能剩下不少的“闲钱”，为了使这些闲钱能够再增值，他们会对有前景的项目投资。像笔者之前说的 papi 酱、橘子娱乐就已经获得了巨额的投资。但是这样的例子毕竟是少数，只有做特别出色的才有这样的机会。

高收入阶层的人每天可谓是日理万机，几乎很少有闲暇的时间去静下心来读一篇文章，看一场直播。所以，将读者定位于高收入阶层是非常冒险的。而且，高收入阶层定位的内容创业者需要在高收入圈子有一定的人脉资源才可以很好地发展起来，其余的只是陪衬。

综合以上因素，对于初出茅庐的创业者来说，将读者定位于中等阶层是最保险的做法。因为在当今社会，中等收入阶层的人是最多的，内容的受众面比较广阔，而且他们比低收入阶层的人更有钱，比高收入阶层的人更有时间，可以实现内容的利益最大化。所以，现在的读者收入阶层定位愈发呈现出中等收入阶层化的趋势。

有的内容创业者可能是朝着获得投资方向发展的，他们会担心中等收入阶层的定位不能为他们带来这种结果。实际上，这个担心是多余的，内容做得好、人们觉得好，投资就会不请自来，像前面的 papi 酱、橘子娱乐主要粉丝还是中等收入阶层的偏多，定位也不是高收入阶层，不是照样获得投资了吗？

对于内容创业来说，中等收入阶层是一个广阔的市场，是内容创业发展壮大的有力保障。将内容定位在他们身上，能够最大限度地保证粉丝数量和内容的点击率。这样一来，即使得不到投资，还是能获得流量费、销售产品、商家广告费等方面的赢利，并且利润也非常可观，可以使创业失败的风险降到最小。

3.3 职业阶层

最近新榜公布了一项新的数据，公众号的平均打开率下降了 5%，甚至出现只涨关注的粉丝数量，不涨文章阅读量的情况。对这些靠内容吃饭的公众号来说，这样的情况简直可以说是一场灾难。不过，虽然整体的阅读量有所下降，但还有一些出类拔萃的勇士并没有卷入这场灾难当中。像 papi 酱、罗辑思维等，人家的粉丝数量和阅读量不仅没有减少，反而还在同步的增加，几乎所有内容的阅读量都维持在 10 万以上的状态。为什么会有这样的差距？归根结底都是定位惹的祸。

人们无论是选择去读一篇公众号文章、关注一个微博视频博主、抑或是打赏一位主播，选择的最终原因一定是它提供了你需要、你想要的内容。当他的内容已经满足不了你的时候，笔者相信，你会毫不犹豫地走掉。这或许也能够解释有些公众号文章的阅读量会下降的原因。

以公众号为例，当人们因为某一篇文章而成为公众号的粉丝时，他们对公众号以后要推送的内容满怀期待，他们希望这个公众号可以一直推送他们感兴趣的内容。如果在以后的某一天，他们突然发现，公众号推送的内容已经不再符合他们的期待和希望，一次可以，两次可以，但事不过三，次数多了以后，他们就会产生厌烦心理，会对这个公众号重新审视一番，看是不是自己真正想要内容。这就提醒我们内容创作的关键之处——重视读者的阅读体验。为读者建立好的阅读体验，最重要的一点就是向读者提供已经准确定位的内容。

现在的人们越来越重视自己的工作，都希望可以多充实自己，受到领导的赏识，在自己的工作岗位上发光发热。在这样的情况下，如果你突然在网上看到一篇有关你职业的文章，笔者相信你一定会点进去并且读完它，读完后你再回看它以往的文章，发现全是与你职业对口的文章，那么笔者想下一步你会去关注这个公众号。因为它在职业定位中为你提供了好的阅读体验。笔者可以向大家分享一个我朋友的真实例子。

“最近，我的朋友刚刚通过教师招聘的考试，成为了一名真正的人民教师。初入教师行业的她每天都会在微信中和我诉苦，害怕自己不知道怎么和学生们相处、不知道怎么受到学生们的喜爱、不知道怎么把知识向学生们讲明白，总之都是围绕学生和校园的一系列问题。对于没有接触过这个职业的我来说，真的是无能为力。向我连续抱怨了几天之后，在某一天突然停止了。我就主动问她具体的原因，她和我说她最近关注了一个公众号，里面全是有关教师职业的内容，这些内容已经解决了她的疑惑。再去看她的朋友圈，分享了好几篇这个公众号的文章，我怀着好奇心点进去看了看，里面的内容的确可以给教师职业的读者提供一些非常到位的方法和建议。然后我又去看了它以往的文章，的确都是定位在教师职业阶层的内容。可以给大家列举其中一些文章的名称：“做到这几条，你的教师之路就成功了一半”“不懂这些，怎么让学生喜欢你？”“90%的老师都不知道的讲课之道”。后来，我的朋友又和我说，她的许多新同事，看了她朋友圈分享的文章都去关注了这个公众号，并且学到了许多有用的职业知识。”

在这些职业定位清晰的内容的帮助下，笔者相信笔者的朋友一定可以成为一名优秀的教师，而且笔者相信她还会继续关注这个公众号的内容，不断地提升自己。这就是精准定位和优秀内容的魅力。

在进行职业阶层定位时，要把握住以下 3 点，如图 3-6 所示。

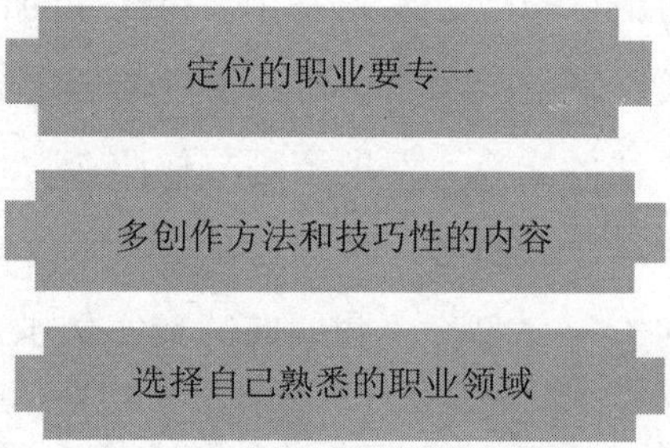

图 3-6　职业阶层定位要点

在每种定位中，内容都要做到专一，这叫“贵精不贵多”。今天推教师职业，明天推会计行业，这样根本留不住粉丝。如果发的内容全是一些职业理论的空话，在实际操作中一点作用也没有，这样也没人会看。你要教读者如何做、做什么才是最重要的。在定位时一定要选择你熟悉的领域，比如你以前是学计算机专业的，非要定位在一窍不通的编辑职业上，这样根本就是不合适的，你的内容决定了读者的职业阶层。把握好以上 3 点就可以为不同职业阶层的读者带去良好的体验。

3.4 学历阶层

内容创业在创业中的性质比较特殊，它的特殊性在于不同创作者创作出来的内容在语言、表现方法、节奏等方面都会有很大的不同，并且在同种类的内容中还会出现竞争。现在新内容推出的速度越来越快，在选题方面难免会有冲突，内容的同质化已经成为了一种不可避免的现象，这就使得内容创业者必须着重对待读者方面的工作，以其拉拢更多的读者和忠实的粉丝。对读者兴趣阶层的定位就是读者工作中的一项。

以前的大学生屈指可数，大部分都是没怎么上过学的劳苦大众，人们之间学历的差异并不明显。但是随着国家对教育重视程度的提高，学历在社会中的重要性也不断地提高，大学生、研究生、博士生层出不穷，人们之间学历的差异要比以前明显很多。不同学历间的人们在素质、眼界、爱好等方面都会有所不同，所以，为了使创作出来的内容可以满足不同学历阶层的需要，进行读者学历阶层的定位是一项刻不容缓的工作。以经济金融类和青春小说类的内容为例先来说明不同学历阶层的读者在内容主题上的不同喜好。

经济金融类的内容吸引来的大多数都是高学历阶层的男性读者，一般都是一些从事金融行业或者是即将从事金融行业的本科生。青春文学类的内容一般吸引的是中等学历的女性读者，一般是一些从事比较轻松、闲暇时间比较多的工作或者是全职的家庭主妇。因为她们每天有大量的空闲时间，而且不需要学习某些特别专业性的东西，所以她们爱看一些青春爱情小说。

对于这两类人群的差异，可以衍生出不同的营销方式。第一类高学历人才，他们中大多数人收入水平比较高，消费能力强。所以，可以在内容中加入某些高端高价的产品推销广告，遇到他们需要的产品即使价格高一些他们也有能力买下来。而第二类中等学历女性，她们收入水平一般，没有能力去买某件高价的商品。所以，向她们推广高价产品几乎没有效果，不过，可以抓住她们喜欢看青春爱情小说的这一特点，通过内容付费来获取利益。

以上是不同学历阶层在主题偏好和营销方式上的差别，除此之外，不同学历阶层的人对具体内容的要求也不同，接下来就从不同的学历阶层来说明，如图 3-7 所示。

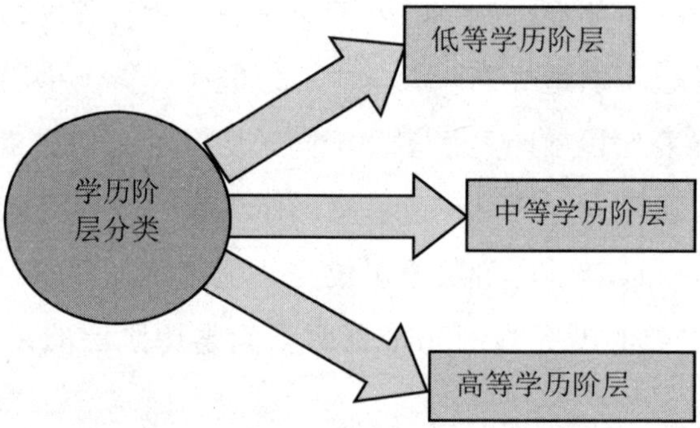

图 3-7　学历阶层分类

(1) 低等学历阶层

低等学历阶层的人们由于没有受到过全面系统的教育，所以他们的语言理解能力比较弱，在视频等形式的内容方面还没有那么明显，但在文章类的内容中就会体现出来。大家可以想，假如一个公众号最初把读者定位在低学历阶层，但是他们推送的文章却使用晦涩难懂的文字。对低学历阶层的人们来说，这样的内容读起来比较困难，在这种情况下，他们就会放弃阅读。这个公众号也失去了它的定位人群。因为它的内容主题已经偏向低学历阶层，对其他学历的读者没有太大的吸引力，而具体内容也吸引不来低学历阶层，这不就导致竹篮打水一场空，什么也没剩下吗？为了避免出现这种情况，在创作针对低学历阶层的内容时，要保证语言通俗、易懂。他们能够理解其中的内容自然就会爱看、爱读。

（2）中等学历阶层

中等学历阶层应该是一个人数比较多的阶层，所以抓住他们的胃口就显得非常重要。一般来说，直播类的形式对他们的吸引力比较大，像笔者那些初中上完就没有继续上学的同学，经常会在朋友圈中分享某个直播。对于他们来说，具有图 3-8 中 3 个特点的内容最能吸引他们。

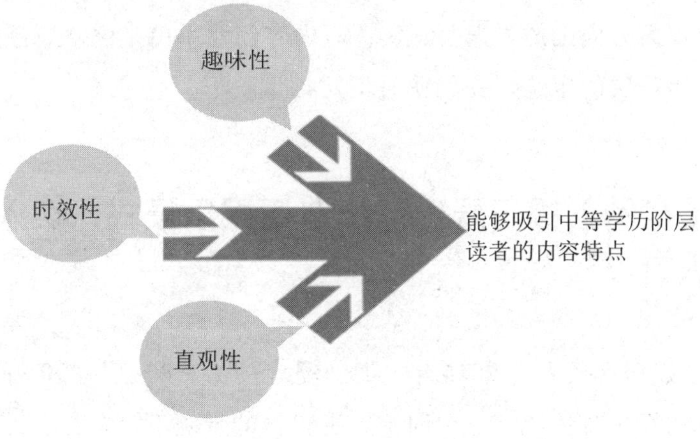

图 3-8　吸引等学历阶层读者的内容特点

这些特点是根据这一学历层次阶层中读者的特点有针对性地总结出来的。他们每天的闲暇时间比较多，需要一些趣味性比较强的内容去填补这段时间。正是因为这样，他们对热点的追踪非常及时，所以内容一定要有时效性。由于学历的限制，就要求内容的直观性更强一些，可以让他们非常轻松地读懂。以上三点是任何内容都应该具备的，只是中等学历阶层的读者会更加看重。

（3）高等学历阶层

高等学历阶层的人们受过良好的教育，有较高的文化素养，他们对内容的品质要求会比较高，比如，文字表达、传达的价值观等。所以，在确定高等学历阶层的定位后，就要对内容的文字和价值观进行更加严格地把控，这就对创作者的文化素养和表达能力提出了更高的要求。高学历阶层的人喜欢深入挖掘内容背后的某些东西，与创作者进行精神上的碰撞。创作者能够实现他们的希望才会吸引住高等学历阶层的读者。

在进行读者学历阶层定位时，根据各个阶层的特点来进行内容的创作就不会出现大方向上的失误。其实，对内容创业小白来说，最合适的应该是中等学历阶层的定位，在创业时不妨尝试一下。

3.5 【案例】橘子娱乐：打造泛娱乐模式，切入年轻人群

“橘子娱乐”成立于2014年9月，是专门为“80后”“90后”的年轻群体打造的娱乐资讯APP。在创始人唐宜青的带领下，成立不到两年的时间，激活用户数量就已经超过2000万，用户每天使用的平均时长达到了40分钟左右，站内和站外的PV（Page View，页面浏览量），每天超过1500万次。这样傲人的成绩着实在自媒体界惊艳了一把。

说起“橘子娱乐”，创始人唐宜青是一个不得不提的人物。她之前是时尚大牌杂志《时尚芭莎》的时尚编辑，每天穿梭于明星云集的各大秀场。按理说这是许多女生都会非常羡慕的工作，但唐宜青却毅然决然地离开了

这个岗位，原因要从戛纳电影节说起。范冰冰曾经为某一届戛纳电影节拍摄封面，看到这一幕之后，唐宜青受到了巨大的冲击。她想，现在拍摄封面的这本杂志要经过多道程序才可以完成，面市最起码是在一个月以后，而人家经纪人在微博上发布的照片，分分钟就可以传播开来。这使她意识到大制作在这个网络时代的弊端。结束戛纳电影节的工作后，她就辞去了自己的工作，开始自己的创业之路。由于她之前有娱乐媒体的经验，再加上内容创业的发展，她决定要进行娱乐内容创业。准确的定位为她的创业之路扫除了不少障碍，事实也证明她确实选对了道路。

在2017年网易媒体合伙人大会中，唐宜青说："橘子娱乐是面向年轻人"90后""95后"的新平台。在过去时间里每天发布100篇的原创文图，在网易号上有非常优秀的表现，我们的文图每天有12亿人次的流量。2016年12月开始做短视频，现在国内短视频领域里，我们有橘子新青年，其包含视频节目，全网有2亿多人次的流量，今年我们还会发布橘子新青年、美妆第一课等新品牌，做面向中国年轻人的新型媒体集团。"从这段语言中就可以看出她的自信，她也的确当得起这份自信。"橘子娱乐"能够发展到今天，唐宜青功不可没。

"橘子娱乐"的内容大部分都是原创，主要涉及了以下几个领域，如图3-9所示。这些领域对年轻人都很有吸引力，而且这样广阔的领域为娱乐自媒体提供了一种新的模式——泛娱乐。刷新了媒体人对传统娱乐的理解，让他们知道娱乐还可以这样做。

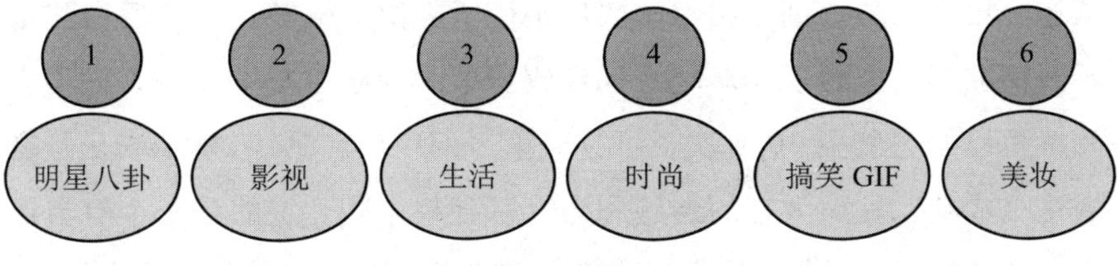

图3-9　"橘子娱乐"主要涉及的领域

“橘子娱乐”在创业之初就将读者定位在年轻人阶层中。经过调查，它的年轻读者群体中，大多数都在 18~25 岁，说明他们创作的内容符合定位群体的要求。曾经有一个记者就人们喜欢“橘子娱乐”的原因进行采访，其中有一位读者的回答，给笔者留下了深刻印象。他说：“当我看‘橘子娱乐’的文章时，总能够产生共鸣，可以把我心里想的用文字表达出来，就好像可以洞悉我的心灵一样。”笔者想这正是“橘子娱乐”的魅力所在。

“橘子娱乐”的大多数编辑是“90 后”，还有 1997 年出生的实习生，他们每天都会守着一块大英寸的电视屏幕。还有专门的技术团队和算法团队，他们会共同联合起来对热点进行分析和预测，在这个结果上进行选题分析。选题完成后，就该编辑撰写文章了。“橘子娱乐”的主编对编辑最主要的要求是，不要把自己当成作者，而是读者，在日常生活中如何说话，就在文章中怎么表达，这样的内容才能实现和读者的共鸣，他们才会喜欢。

娱乐圈中从来不缺少新闻内容，缺少的是对新闻独特的理解，这是摆在“橘子娱乐”等一众娱乐内容人面前的难题。而“橘子娱乐”似乎提供了一个可以解决这一难题的范例。虽然都是做娱乐选题，但是“橘子娱乐”就可以做到标新立异，为什么？因为他们创作出来的内容不只是流于娱乐表面，更多的是深度挖掘娱乐背后的人性和情感问题。比如，当初胡歌和江疏影被爆出恋情时，其他的娱乐内容都是围绕着两人的恋情展开，而“橘子娱乐”偏偏反其道而行，从现实和人性的方面去解读这条八卦新闻。因为现实就是现实，像那些玛丽苏的剧情几乎是不存在的。“橘子娱乐”就从这个角度出发，创作出《姑娘们别傻了，像江疏影这样的傻白甜根本泡不到胡歌!》，打醒了一众陷身偶像剧情节中无法自拔的姑娘。该篇文章的阅读量已经突破了 30 万次，可见其被人们广泛传播。“橘子娱乐”之所以会这么成功，是因为它的选题和角度都独树一帜，做的是一个有自己独立思考的“橘子娱乐”。在笔者看来，用“娱乐圈中的‘非娱乐圈’”来形容

“橘子娱乐”再恰当不过。

“橘子娱乐”的影评板块也非常受读者欢迎，因为他们不会在没有根据的情况下随便为读者推荐某一部电影，而是影评编辑坐到电影院中观看后的真实感受。他们写影评的宗旨是“好就是好，不好就是不好”。如果一部电影真值得去看，那么他们会在影评中推荐大家去看，如果不好的话，他们也会如实说明，不让大家浪费这张电影票钱。“橘子娱乐”在创作内容时切实考虑到了读者的需要，力求为读者创作符合实际的真实性内容，获得了越来越挑剔的年轻群体的青睐。

“橘子娱乐”能够这么成功，优质的内容固然重要，但是技术层面的加持也是必不可少的，这个技术就是“娱乐大数据”。“橘子娱乐”中有专门的技术团队来操作这套系统，主要的作用就是依靠网络和微博上的热点信息数据对可能出现的热点进行预测，然后根据预测的热点有针对性地创作内容。这样一来，“橘子娱乐”就可以在热点事件发生的第一时间发布文章，避免落后于其他娱乐自媒体。拥有这项技术后，“橘子娱乐”能做到在热点发生的两个小时之前就成功地预测到热点。它们的这项技术可以说是一个领先他人的法宝，为内容创业者提供了一个可以把握热点的良好范例。

“橘子娱乐”在2016年已经获得了1000万美元B+轮融资。这就为它们接下来的发展提供了有力的物质保障。“橘子娱乐”方面表示，未来它们会在保持现在“泛娱乐”的基础上，继续扩大娱乐领域，做更多的尝试。

4

团队人员通力合作，让内容的创作流程化

在进行内容创业时，定选题和创作内容都是非常令人头疼的问题。选题和内容做不好会直接对文章的阅读量、视频的点击率等造成影响。我们经常说“团结就是力量”，所以针对这种情况，创业者就需要有一个组织架构明确的团队的帮助，实现内容创业的流程化作业。通过团队中各个组织的紧密配合，选题和内容方面的问题也能够得到妥善解决。

4.1 内容经理把握全局

最初的内容创作者大部分都是自媒体人。一人、一文就构成了一个自己的小架构，这样的形式对于那些不想靠内容获益的人来说是可以的，他们只是单纯把创作内容当成爱好，喜欢将自己的心得体会分享给别人。或许他们根本不能算是真正意义上的内容创业者，所以，他们并不需要团队也可以达到目的。但是，这样的情况毕竟是少数，其中的大部分人还是把内容创作当成职业，希望由此获利。对于这些人来说，他们需要建立一个强大的团队来帮助他们达到目的。而且在第 1 章的第 4 小节中，提到内容创业的门槛时也写过，团队化已成为了内容创业的大趋势。因此，要想自己的内容创业获得成功，建立一个优秀的团队是非常有必要的，像 papi 酱、同道大叔等成功的内容创业者，他们的背后都有团队的支持。

对于内容创业小白来说，找素材、编辑内容需要许多的时间和精力，这不是自己一个人可以应付的，而且由于初入行业，对文字和内容缺少相应的把控能力，再加上，如果还想将自己的内容做大做强，就更加需要组建团队。就做选题而言，一个人的想法是有局限的，但团队就不一样，大家的想法都天马行空、各不相同。在做选题时，每个人都把自己的想法表达出来，从中挑选或者是拼凑成一个选题，这个选题会比一个人想出来得更加具有吸引力。所以，在有团队帮助的情况下，你的事业可以很快地步入正轨。

而且团队还可以带来很多无法用语言表达的心理感受。一个人做事和一群人做事带给你的感觉会有很大的不同，当一个人做事的时候，做到一定程度就会出现怠倦心理，而一群人做事的时候，工作的积极性可以被他们带动起来。当大家坐在一起，为了选题、具体内容、排版等问题进行讨论的时候，那种感受只有经历过才能够体会。当做到最后时，你会发现你已经离不开这个团队，当某一天只剩你一个人时，你就会发现曾经拥有的团队感情是多么可贵。以上的种种都是要组建团队的原因。

内容创业的团队，不能按照一般创业公司的团队模式进行，首先二者在架构上就有很大的不同。一般的创业团队包括业务部、财务部、市场部、人事部等，而内容创业团队则是由以下几种人员构成，如图 4-1 所示。这几个部分需要全力配合才可以实现整个架构的良性运转，各个部分有着不同的分工。先从整个团队的“主心骨”——内容经理说起。

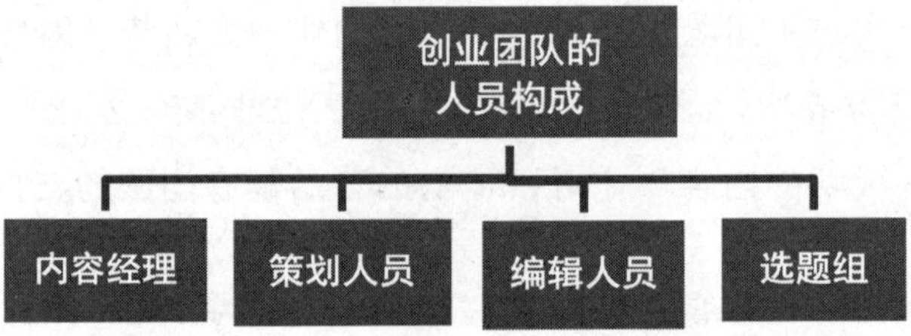

图 4-1　创业团队的构成图

每个团队都需要一个可以掌握全局的人，内容经理在内容创业团队中就担任着这一角色。选题、策划、内容都必须经过他的审查才可以进行下一步，把握着最终的决策大权，是团队的领导者。内容经理应该是一个多方面的人才，要了解读者需求、精通选题之道、还得懂点美学设计。总之就是把他放到哪个部门他都可以胜任那份工作。

一个合格的、优秀的内容经理，应该能够做到以下几点，如图 4-2 所示。

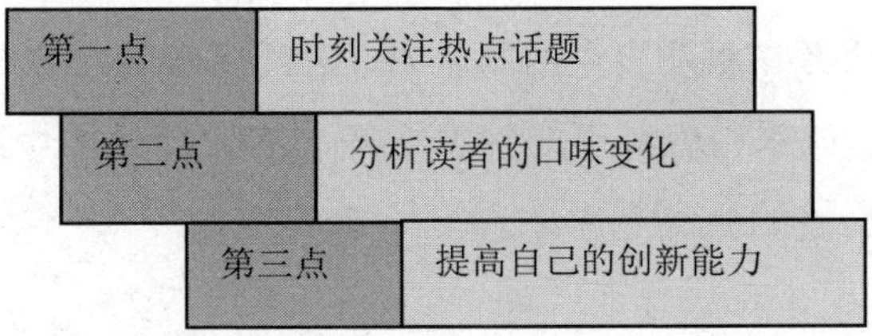

图 4-2 做好内容经理要点

（1）时刻关注热点话题

这一点不仅要求内容经理做到，而且团队中的每个人员都要做到。只是内容经理在这方面的要求要比其他人更加敏感，不然就无法判断递上来的内容是否与当下的热点契合，也就无法做好决策。现在的内容在很大程度上拼的是一个“新”，作为内容经理必须要有发掘热点、提取热点的能力。

（2）分析读者的口味变化

读者的口味不是一成不变的，他们今天喜欢这个，也许明天喜欢那个。内容经理必须根据阅读量、点击率等数据来分析读者的口味，为其他部门的工作人员提供创作内容的意见，使内容更加符合读者口味。

（3）提高自己的创新能力

现代社会的变化速度非常快，如果跟不上变化的脚步，就会被无情的淘汰。内容经理要不断提高自己的创新能力以适应时代的发展，尤其像“橘子娱乐”这种面向年轻人的内容，更加需要创新。内容经理具备了创新能力，就可以帮助整个团队发掘更多独特的视角，使自己的内容在众多内容中标新立异，吸引读者眼球。

内容创业者在组建自己的团队时，选择出来的内容经理至少要具备以上三点能力。如果内容经理的能力不够，在很大程度上会影响团队的工作模式和内容整体的质量。

4.2 策划人员定方向

在内容创业团队中，策划人员也发挥着重要的作用。他们要为整个内容确定一个大概的方向，如果方向把握不好，就会导致具体内容出现偏差。现在的自媒体发展极为迅猛，受众面越来越广，这就需要策划人员必须找一个有新意、有创意的方向。资深策划人抱月曾说："静下心来仔细看，自媒体写作应该有自己的思想和风格，否则难以立足。"一个有独立思想和风格的策划方向就相当于内容已经成功了一半。

策划人员在策划时应该有自己的思想和风格，不然很难在众多内容中突出重围。他们在策划之前，必须了解这个策划的价值是什么以及价值体现在什么方面，策划不是给策划人员解闷的，追求目标应该是为读者传递某些价值。在策划时，应该将读者的诉求放在最高的位置，这样策划出来的方向就在一个正确的轨道上，才能使挑剔的读者满意。在策划时还要注意与内容定位的符合程度，假如最初的定位是美妆内容，但是策划人员却交出了一份历史方向的策划，这就不太合适。不过笔者想，一个合格的策划绝对不会出现这样的情况。

初入策划行业的新人，对于策划方向可能会"丈二和尚摸不着头脑"，这属于正常的现象。为了更好地应对这种情况，可以从以下几点着手，如图 4-3 所示。

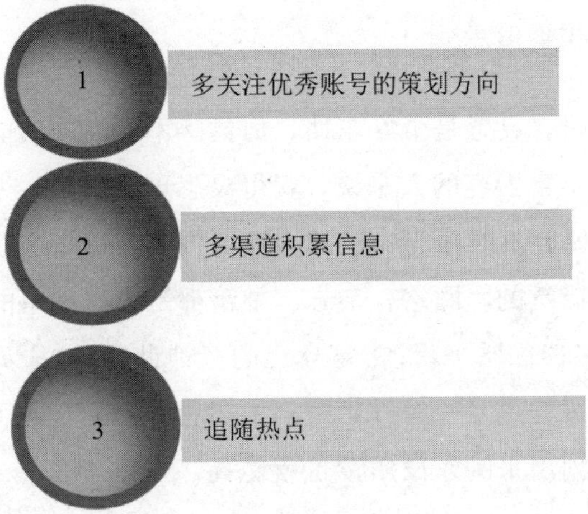

图 4-3 策划要点

（1）多关注优秀账号的策划方向

有句话说得很不错“站在巨人的肩膀上，才能看得更远”，放在策划中也非常适用。对于策划来说，形成自己的风格非常重要，但那毕竟是少数人，而且需要时间的磨炼。在没有成长为这样的策划之前，不妨先在巨人的肩膀上停留一段时间，等自己成为巨人的那一天再从他们的肩膀上下来。

在内容创业中，何谓“巨人”？就是那些动不动阅读量“10 万+”、点击率“100 万+”的大咖账号，比如一条、大象公会、新世相等，对它们的策划方向进行二次开发同样是一个不错的选择。不过要注意的是，这个二次开发指的是“借鉴”，可不是“抄袭”。无论在哪个行业抄袭都是零容忍，想一想，如果完全抄袭了人家的方向，甚至连题目都抄了过来，人家会善罢甘休吗？但是，可以从人家的方向出发，创作自己的题目和内容，这样没有问题。这就是“借他人的东风，行自己的船”。

（2）多渠道积累信息

在确定方向时，灵感是个好东西，但灵感不是说来就能来，尤其是对那些脑子里没有丰富内容的人来说，获得灵感更非易事。为了解决这个问题，策划人员就要时不时地为自己注入新的内容，那么这些内容从哪里来呢？其实来源很广泛的，网络、杂志、书籍都是可以利用的资源。平时可以多看好文章，多读优质书籍，丰富自己的精神世界，这样灵感自然会来。而且积累信息的过程也是一个开阔视野的过程，视野开阔了，在策划时就越得心应手，策划出来的东西质量也就越高。

（3）追随热点

这是一个老生常谈的问题。对内容创作来说，无论哪一个环节，这都是应该首先考虑到的问题，特别是作为前期环节的策划。如果策划的方向没有符合热点，那么编辑人员在创作内容时就会在很大程度上受到影响。所以，策划人员必须关注热点，根据热点来确定整个内容的方向。

策划人员的主要工作就是为内容定方向。所以，他们应该具有大局观，这也是在组建策划团队时应该看重的一项能力，而上面陈述的三点则是应该着重培养的能力。领导将团队经营好，策划人员将自己经营好，实现各个环节的良性运转，保证优质内容的输出。

4.3 编辑人员创作内容

编辑人员的主要职责是创作内容，这是整个内容的中心环节，他们也是整个团队中人数最多的。在内容创业中，经常会说“内容是王道”，编辑人员就自然而然地成为了整个团队的王牌。主题和方向选择得再好，没有优秀的内容也只能是“金玉其外，败絮其中”。如果想要吸引大量的粉丝、做成内容大咖就比较困难。像大象公会、一条中的文章，还有 papi 酱、二更的视频，不只是主题和方向选得好，最重要的是内容够吸引人。

在组建内容团队时，编辑人员要花费较多的精力认真挑选。在现在的编辑市场上，一共有 3 种类型的编辑，如图 4-4 所示。

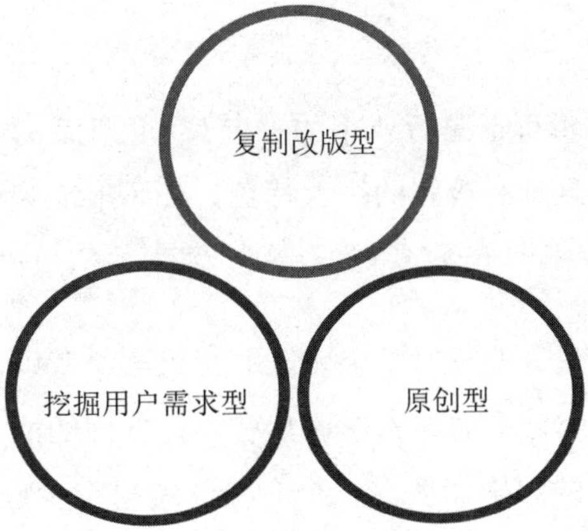

图 4-4　编辑类型

（1）复制改版型

顾名思义，这种类型的编辑在撰写内容时，主要使用的方法就是将写得好的文章复制过来，再进行改版，最后变成自己的东西。这种类型的编辑创作出来的内容都带着浓浓的他人色彩，缺乏个人特色。如果他们一直是这种状态的话，慢慢就会被这个行业淘汰。毕竟模仿别人并不是长久之计，除非在模仿别人的过程中，不断摸索经验，形成自己的特色，可能还会有一线生机。

（2）挖掘用户需求型

这种类型的编辑善于挖掘用户需求并以此来创作内容。在如今的内容创业中，利益化是一个越来越明显的趋势，内容营销被推上了一个更加重要的位置，导致用户需求也越来越重要。所以，这种类型的编辑在行业中比较吃香。

（3）原创型

这种类型的编辑可谓是行业中的“宝”，可遇而不可求。他们拥有强大的写作能力，而且具有极强的个人特色，文风很能吸引读者。如果团队中拥有这种类型的编辑，一定要好好把握。因为他们可以带来实际的利益。

笔者在前面谈过，编辑对整个团队非常重要。所以，在组建编辑团队时，有必要知道一个合格的编辑应该具有哪些方面的能力，根据这些能力来组建一支最优秀的编辑团队。一个合格的编辑至少应该符合以下 4 点。

（1）热爱编辑行业

对工作的喜爱程度是影响工作成绩的一个重要因素，只有真正热爱自己的工作，才可以将做好工作的精力和动力实现最大化。如果一个人本身就不喜欢编辑行业，遇到点困难就想临阵脱逃，这样的编辑人员能在团队里出现吗？肯定不能，他们只会拖整个团队的后腿，影响大家的工作效率和质量。所以，在组建编辑团队时，一定要保证每位成员都喜爱编辑这份工作。

（2）注重细节

编辑人员每天要和文字打交道，编辑出来的内容如果错字连篇，那是对读者的不尊重。因此，编辑人员对这些细节必须非常注重。作为一名编辑，不管是转载的还是原创的文章，都要保证内容的准确无误和图片的清晰美观。这些是给读者的第一印象，必须要做好。

实际上，编辑的细心程度是可以通过时间慢慢培养。最初的时候错误可能会比较多，这就需要内容经理及时提点。但是，经过一段时间的磨炼，他们在这方面会越做越好。

（3）文笔好

一个合格的编辑不能总是靠转载别人的文章形成内容，读者也不会接受这样的内容。归根究底，还是得原创。既然是原创，那么编辑就要自己创作内容，这时文笔的重要性就会体现出来。对于文笔，大家都知道，并不是所有的能力都是天生的，大部分还要靠后天的锻炼和发展，所以文笔是可以锻炼出来的。要想拥有好文笔，多读多写最重要。读书多了，见识也广了，在创作时可以用的素材就多了，文笔自然会提升；写的多了，经验也多了，在创作时对文字的驾驭能力就会提升，文笔自然也会提升。

（4）熟练使用电脑软件

内容创业最离不开的就是网络，而且网络化作业可以提升工作效率。作为内容从业者的编辑人员，对各种软件的操作已成为一项必备的技能。因为现在的内容不只是文字，在看一篇公众号文章时，就可以知道，还包括图片。这些图片也是编辑的工作范畴。因此，像 Dearmweaver、Photoshop 等软件，他们必须略知一二。懂得这些，可以为文章配上更有美感的图片，使内容的整体美观程度得到很大提升。

知道以上 4 点基本要求后，在组建团队时就会有据可循。通过这些标准选择出来的编辑团队可以在最大程度上保证质量。对一个要发展的公司来说，团队员工的素质非常重要。

4.4 选题人员定选题

“选题、选题、选题……”这是选题组每个成员永远绕不开也躲不过的一个词语。选题做得不好，读者就不买账，读者不买账内容就扩散不出去，内容扩散不出去就得不到价值的实现，于是形成了死循环。所以，选题组成员肩负着重大的责任。

无论是久经沙场的内容创业老手，还是初出茅庐的内容创业小白，选题都是摆在他们面前的一个重难点，要想完美地解决好这个问题并不容易。不少选题人在做选题时，都会采取这样的策略，晚上躺在床上时开始整理思绪，确定一个选题，第二天与其他团队成员沟通，通过之后就开始着手创作。他们在想选题时思考的是“新鲜的选题来源于距离我们最近的事件”，这样的想法未免狭窄了一些。大家有没有想过，如果真是这样的话，那些致力于历史内容创作的选题人该怎么办？

选题人要想妥善地解决选题问题，实际上也没有那么难，要把握住以下 3 点，如图 4-5 所示。

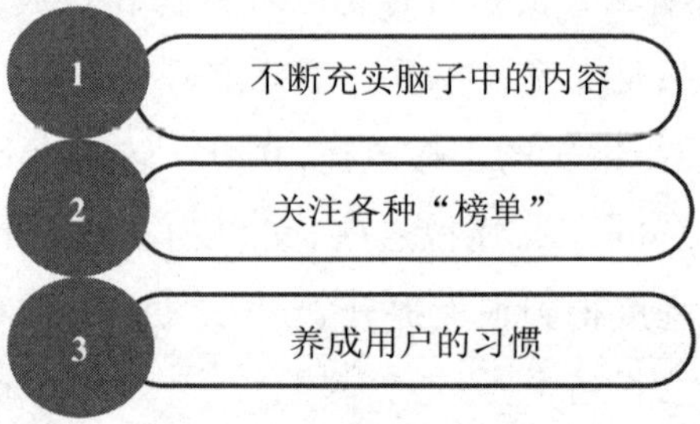

图 4-5 选题的要点

（1）不断充实脑中的内容

第一点就是脑袋要有“东西”。有人可能会问，这些“东西”是从哪里来的？可能大家最先想到的一个来源是各种网站，其实并没有这么简单。网站上的东西太表面，而且还很杂。选题人脑中的“东西”是要从平时一点一滴积累的，这就不是只靠网站可以满足的了，还包括微信公众号中的文章、纸质中优秀的内容、热门的词汇和图片等。这些内容可以保持脑中内容的新鲜感，为大脑营造出一种跑在时间前的状态，在做选题时也就具有了优势。

（2）关注各种榜单

看“榜”是任何一个内容工作者都应该养成的良好习惯。在选择榜单时，应该选择那些比较具有权威的，比如“新榜”“微博热搜榜”“百度指数榜”等。在内容创业中，拼的就是一个速度，自从门槛提高以后，就又加上了一个“深度”。

对于创业小白来说，要想做好这两点并不容易。在这样的情况下，不需要去追求选题的深度，拼快就可以。只要发现榜单中的新热点，第一时间根据热点做选题，或者追随那些大咖，“蹭”个热度。这样在做选题时基本不会出现失误。这种模式在创业前期用用还可以，但如果创业有着更高要求的话就不可以。随着借鉴选题次数的增多，选题人会逐渐摸索出其中规律，这时就可以不必去效仿其他的大咖，自己就可以确定一个选题。到了一个阶段，“速度”和“深度”都要兼顾。

（3）养成用户的习惯

其实这一点并不是做好选题的要点，而是一个做不好选题也不耽误内容的方法。要想养成用户的习惯，首先要做的是培养自己的习惯。最简单的方法就是每天坚持做同一件事情，例如，每天在固定的时间推送同一个领域的内容，久而久之，一到时间，用户就会不自觉地点开内容。这时的用户已经不再关注你的选题，纯粹是为了习惯而来。就像“十点读书”，并不见得每篇文章的选题都那么成功，照样可以吸引大量粉丝。不过这样的模式必须是在内容质量高的情况下才可以实现。如果内容不好，用户的这个习惯很难维持下去。

其实，归根结底，出现选题问题的根本原因是对内容涉及领域的不了解和不爱好。对领域一知半解，出现什么大事也提取不出来重点，这是最大的弊病。而那些领域专家已经对整个领域非常熟悉，任何事情都可以信手拈来，这样的人还愁做不好选题吗？所以，当我们在组建选题组时，应该选择对内容领域有一定了解的成员，他们做出的选题会更有水准。

选题完成之后还会有一个选题是否合适问题，针对这个问题，大家可以根据以下几点来进行检验，如图 4-6 所示。

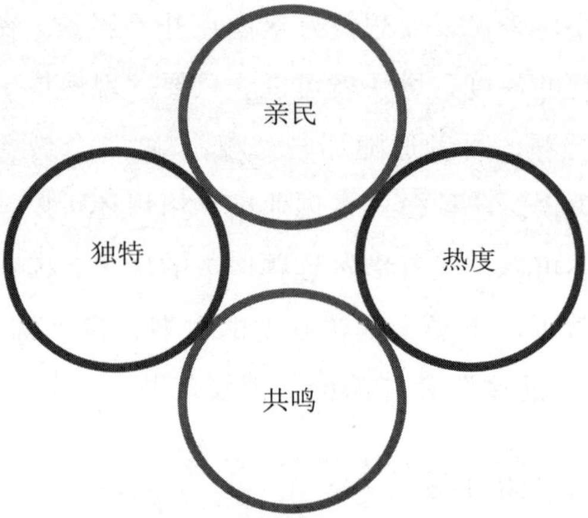

图 4-6　选题的检验标准

亲民：选题不应该太高深，像那些基因密码、量子力学等选题就要慎重，毕竟能看懂的人还是少数。要选择受众面比较广的选题，要让大多数人都能看懂。

独特：当内容创业发展到一定程度时，就要有自己的选题特色。多看看其他内容选题与你的选题是否有重合，如果有，你的选题在独特方面就有待加强。

热度：这个很好判断，热点是什么，选题往上靠就好。比如，2017年8月到9月持续时间比较长的热点要数天津的全运会，在做选题时可以围绕全运会进行。

共鸣：这个共鸣是与大众的共鸣，就是帮助他们表达自己的态度。

选题虽然是个难题，但是选题组不要有太大压力。整个团队都可以成为你的资源，多和他人沟通再用本节中介绍的要点和方法，选题就会容易很多。而且选题是一个慢慢磨炼的过程，接触越多，自然就会越轻车熟路。

4.5 【案例】大象公会：主题恐惧、激动、新奇和困惑

“大象公会”是由黄章晋一手创办的内容新媒体。提到“大象公会”就不得不说黄章晋。他的经历似乎和“橘子娱乐”的唐宜青如出一辙，都是从一个体面、人人羡慕的工作走上了自己的创业之路。资深媒体人、学者、作家都是黄章晋身上的标签，他曾先后在各大著名杂志任职，包括《华夏时报》《青年参考》《凤凰周刊》等。

从黄章晋在2013年创办“大象公会”以后，便一直保持着强劲的发展势头，还获得了罗永浩、真格基金等投资。两年后接着推出“大象公会”

的 APP，没过多长时间就拥有了 70 多万个注册用户。他们创作出来的文章阅读量动辄“10 万+”，甚至“100 万+”也不在少数，将自己的称号“中国最优质的精神鸦片制造商”诠释得淋漓尽致。

为什么“大象公会”会如此成功？最大的秘诀是“大象公会”中所有的文章都是原创，这是他们一直的坚持。其实，对于内容创业者来说，做原创内容实际上是一个较为冒险的方向，成本高、风险大，尤其在长篇内容领域更加明显。但是“大象公会”依然保持着原创而且还做得那么成功，它们的文章不仅出现在公务员考试试卷卷中，还出现在学校的练习册上，这是对他们文章的最大肯定。

在这个快餐文化的时代中，原创更显得弥足珍贵，好的原创内容更是凤毛麟角，而“大象公会”借着自己优质的原创内容在严峻的形势中杀出了一条血路。有的人可能会反问“为什么偏偏‘大象公会’可以发展那么好？”笔者认为，大家可以通过以下 3 点找到答案，如图 4-7 所示。

图 4-7 “大象公会”优势要点

（1）主题

“大象公会”的选题要从一个心理学上的实验开始说起。曾经有心理学家做过一项这样的实验：挑选出一组完全不同种类的图片，然后以非常快的速度从实验者眼前闪过。在这个过程中，人们最先看注意到的是毒蛇、火灾等具有危险事物的图片，并且这些图片会给他们留下人深刻的印象。还有一项针对人类面部表情的实验，人们对于愤怒、悲伤等这种带有负面情绪的表情有更快的识别速度。

这个实验与“大象公会”的主题有没有关联？答案是肯定的。在2016年1月11日的微信公开课PRO版上，“大象公会”的主编郑子宁曾有过这样的发言：“有一个心理学的答案，所有具有危险性的信息总是会获得优先关注，无论关乎个人的生命安全还是对集体的潜在威胁，都会被更快注意，并获得优先处理。什么是重要的信息？如果接触到的信息和自己密切相关，无论它的性质是令人恐惧还是令人困惑，还是模糊不确定的，都有可能被人当作一个重要信息。”看到这番话，大家是不是就可以将这二者联系起来？所以，在这个实验的影响下，大象公会的主题基调就被概括为4个词语，如图4-8所示。

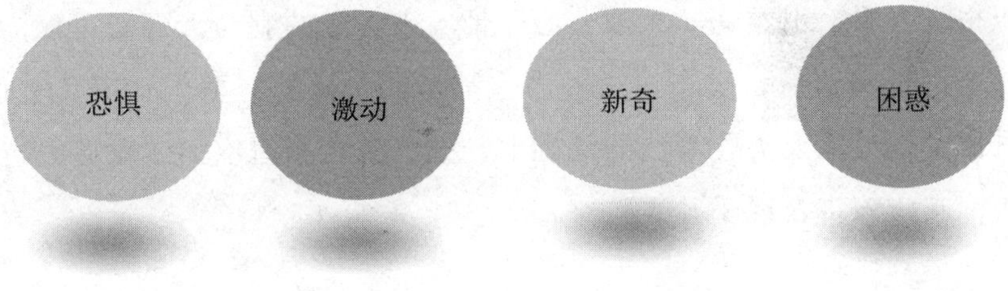

图4-8 大象公会主题

“大象公会”在做选题时严格按照这4个词语进行，正是由于选题切合读者口味，所以才能够吸引并且留下大量粉丝。

（2）内容

“大象公会”发展到今天，绝对不仅仅是凭借着独特的选题门路，还是得有过硬的内容实现的。它们对内容的挑选极为苛刻，要求所有的文章一定要从人性出发，而不能以“反人类”的写法进行创作。对于这个“反人类”，“大象公会”的主编郑子宁认为包括以下几点：

① 不能快速进入主题；

② 没有任何情节与事实；

③ 冗长的价值判断；

④ 不能激发任何悬念；

⑤ 标准教科书式的文本。

如果一篇文章带有以上标签，那么对不起，这篇文章已经被“大象公会”淘汰。因为这样的文章发出去后，要不就是看的人特别少，要不就是压根没人看，根本为“大象公会”带不来实际的利益。那么可以为“大象公会”带来利益，发布出去的内容都是什么样的？要想知道其实很简单，只需要在“反人类”写法的基础上，推出与之相对应的“顺应人类”的写法，其应该符合以下几点：

① 直接进入主题，不拖沓；

② 用事实说话，加入情节，增加画面感；

③ 在陈述中包含判断；

④ 在文章中设置悬念；

⑤ 文字运用灵活，避免刻板。

其实后两点是最为重要的两点。因为“大象公会”的文章篇幅都比较长，一般在 3000 字左右，整篇阅读下来会耗费读者不少的精力。在这种情况下，就要依靠悬念和灵活生动的文字来吸引读者的注意力，让他们不自觉地读完整篇文章。向来“套路”得人心，“大象公会”的内容大抵就是如此！

(3) 传播

传播需要介质，而内容的传播需要的是媒体介质。媒体介质又分为两种，传统媒体和现代媒体。郑子宁对于这两种不同的介质做了如下比喻：“传统媒体我们把它称之为包子，传统媒体最精华的部分是内容。它的表面相对来讲不是那么正面的东西，如果是深度报告，从它的封面上看并不会觉得它很好。但只要内容够好，就是一个很好的传统内容创作，它们就像包子一样。而网页端的媒体更像一个披萨，他们把所有重要的信息都放在标题上，以标题吸引阅读。”

笔者认为这个比喻非常恰当。传统媒体对内容的重视度更高，就像“包子”吃的是一个“馅”，而现代网络媒体更看重标题，各家也做着标题竞争，都会在标题上大做文章，就像“披萨”一样，用表面内容吸引顾客。由于现在是一个网络媒介的时代，所以就从这方面来分析“大象公会”的传播。

“大象公会”主要的业务是微信公众号，并在手机上传播。但是手机屏幕毕竟有限，这也就导致整个页面可以展示出来的信息点也有限。在这种情况下，就要抓住能够展示在这个有限页面中的标题信息。“大象公会”在这方面做得十分不错，它们不只在内容中做到了“恐惧、激动、新奇、困惑”，在标题上也这么做，可以来看几个标题的例子来进行验证。

怕上火，难道你就不怕肾衰竭？	恐惧/新奇/困惑
学生干部发迹指南	新奇/困惑
明太祖是怎样升起的？	困惑
互联网上为什么猫比狗更受欢迎？	新奇/困惑
为什么近几年发现的大钻石那么多？	困惑
古代的武状元到底有多厉害？	困惑/新奇
大象怪谈故事	恐惧/困惑
中国人为什么热爱嗑瓜子？	困惑
地图上看不见的城市	困惑/新奇/恐惧

单看标题，是不是就有点进去看看内容的欲望，这就是他们想要的效果。在“大象公会”的数据中，二次传播是一个最重要的方式。说明文章已经被一次读者喜爱，这样他们才会为你传播，再加上这极富吸引力的标题和优质的内容，它们的文章再有三次、四次的传播也不足为奇。

内容创业小白要想达到“大象公会”的水平并非是一朝一夕的事情。但是大家不要灰心，他们的例子已经存在，在自己创业时拿来借鉴，说不准哪天就可以后来者居上，建立一个“小象公会”，这是非常有可能的事。创业路上不要怕荆棘，成功指日可待。

5

找素材，让来源规范化

对于内容创业来说，找素材是一项必不可少的工作，没有好的素材就很难写出好的内容。素材就像一座大山压的内容创作者喘不过气来，要想成功地闯过这一关，就得有愚公的精神将这座大山移走。本章就是讲内容素材的方方面面，告诉大家应该怎样将这座大山移走。

5.1 关注热点话题，巧嫁接

热点是内容创业中经久不衰的话题，无论内容的定位是哪个领域，内容创作者都会努力地向热点话题靠拢。在这个行业似乎形成了“谁抓住了热点，谁就抓住了读者和金钱”的现象。事实也确实如此，热点内容总是能够吸引最多的眼球。就拿李晨向范冰冰求婚的新闻来说，大家的注意力都集中在他们两个身上，与之相关的内容铺天盖地地奔涌而来。如果哪位勇士偏要在这时推送一篇养生的内容，相信无论这篇内容有多好，也很快会石沉大海，等到李晨和范冰冰的风头过去了，你的内容也早就被人们遗忘了。辛辛苦苦创作出来的内容就获得这样的下场，谁都不会甘心。但这又没有办法，谁让你自己不跟上潮流，非要做那个落后者？与其在那边怨天尤人，不如好好吸取教训，下次创作时跟上热点的脚步。

有的人会想，热点话题的内容那么多，怎么能保证我的内容能够被别人读到？对于这个问题笔者认为，这个考虑是多余的。如果热点内容不被读，那么非热点内容就更不会被读。在这两种类型的内容中，热点内容被最多的人们关注，读者群体最大，被读的可能性也最大，出于概率方面的考虑，也应该创作热点内容。要想创作热点内容，就要寻找与热点话题有关的素材，然后将热点素材巧妙地嫁接到内容当中。在这个过程中，可以提炼出最重要的两点：追热点、找素材。

第一点是追热点。要想紧跟热点的步伐，就要多关注那些比较权威的并带有热点的平台，比如微博、今日头条、新榜、百度等。

我们先来介绍微博，微博是现在最常用的追踪热点的平台。根据用户对某些话题的点击数量形成一个热搜榜单，并且还有一个非常贴心的设计就是将热门话题进行分类，如图 5-1 所示。这样就可以根据内容的领域有针对性地寻找热点素材，节省寻找素材的时间。

图 5-1　热门微博分类页面

第二个是今日头条。今日头条中有一栏是热点，还有一个二十四小时热点的窗口，如图 5-2 所示。这两个部分都可以成为热点素材的来源。

图 5-2　今日头条页面

第三个是新榜。对于内容创业者来说比较重要，它标榜的是“内容创业服务平台”，在顶端就有周榜、月榜等，如图 5-3 所示。在该平台中可以很好地掌握整个行业动态。其中还有一栏是热门文章，可以从这些优秀的文章中搜集素材，对于创业新人来说，这是一个很好的做法。

图 5-3 “新榜”网站页面

以上三个是比较典型的热点素材来源，当然还有一些其他的，在此就不一一列举。

追踪到热点只能算是完成了第一步，更重要的是将热点与内容巧妙地嫁接在一起。大众很挑剔，那些生硬陈述热点话题的内容他们并不喜欢，将话题与内容巧妙地结合在一起才能获得他们的青睐。因此，必须有针对性地寻找素材，素材符合主题才能很好地与内容嫁接。接下来，就从不同种类的热门话题来介绍容易嫁接的素材来源。

(1) 热门影视话题

每隔一段时间都会有新的影视剧上映。那些深得观众内心的电影或电视剧，不仅可以在票房和收视率方面获得巨大成功，还能在各大热搜榜单中占据首位，有的甚至可以维持很长一段时间的热度。以特别火热的《我的前半生》为例，当时这部剧的热度可谓空前，该剧中男一女一、男二女二以及一些其他重要的角色，轮番抢占热搜，热度不减。

在这样的情况下，与此剧相关的内容铺天盖地而来。同种类的内容增多，就会出现好与坏的差别。通过对那些阅读量和点击率都较高的内容分析，不难看出都是在认真追剧，得出特有心得的基础上创作出来的内容。只有自己亲自观看，才能与关注这部剧的读者产生共鸣，读者的认同感会立马上升。对于热门的影视话题，最好的素材就是电影和电视剧本身。搜集素材时可以静下心看一场电影、追一部剧，在这个过程中寻找有价值的素材。

（2）热门事件话题

对于热门事件话题来说，可预见性比较低，考验创作者的临场应变能力。而且热门事件的热度很多时候不会维持很长时间，比如黄晓明和杨颖的婚礼，热度最多持续在他们的婚礼当天。这时，哪家推出的内容快，哪家就会抢占先机。在这样的情况下，平时积累的素材就能派上用场，如果平时积累的素材够多，就可以很轻松地创作出内容。而那些积累的素材不够多，并且还需要现找的创造者在时间上肯定要比人家长，因此失去了速度优势。

对于热门话题来说，那些平时积累下来的相关素材是最好的素材。如果平时积累的不够或者是积累的素材与热点话题不相符时，也不用担心，可以从上面提到的热点网站中去寻找素材。搜集够了之后再进行内容创作，虽然不能和其他内容拼速度，但是可以用质量来打败他们。

（3）怀旧话题

“大风车吱呀吱哟哟地转，这里的风景呀真好看，天好看，地好看，还有一起快乐的小伙伴……”对于“80后”“90后”来说，这是永远不会忘记的旋律。在这个快速发展的时代中，以前的记忆显得是弥足珍贵，人们的恋旧情节似乎也越来越深。记得《天天向上》曾经做过一期怀旧主题，将“80后”“90后”的儿时记忆都搬上荧幕，收视率非常不错，从一方面可以说明人们对怀旧话题还是比较认可和喜爱的。有的人认为怀旧与热点并无关联，其实不然，怀旧话题虽然不会经常出现在各个热搜榜单中，但在大众的心中它是一个永恒的热点话题。

人们的物质生活逐渐变好，可是以前那种好几个伙伴在一起捉迷藏、老鹰捉小鸡、丢手绢的日子已经很难回去。现在人们的业余生活基本被手机占据，这是科技给我们带来的改变。人们并不是不怀念以前的生活，只是时代所迫，现在似乎只能对着手机屏幕去寻找回忆的踪迹。怀旧的话题就是人们通往过去的时光机，即使身体上不能回去，心理上回去也是好的。

怀旧话题的素材可以来自“80后”“90后”的真实感受，也可以来自一些历史影像资料。其实，纵观那些内容大V所定位的领域，怀旧领域可以叫出名号的真不多。对此，笔者有一个大胆又实际的想法，内容创业者是不是可以考虑一下这个领域，毕竟这还算是一个蓝海领域，发展潜力够大，没准哪天就能一炮而红。

在寻找热点素材时，从上述三种热点类型着手，再多逛一逛微博、今日头条等热点网站，就可以在这方面减少很多阻力。素材找得好，还愁写不出好的内容吗？

5.2 瞄准垂直领域，讲干货

内容创业在经过大幅度发展后，想要在这个行业分得一块蛋糕越来越难，更不要说还想分一块大的。门槛越来越高、形式越来越丰富，要想突出重围简直是难上加难。针对这一情况，如果是想要踏足内容圈的创业新人，笔者为此提出一个建议，使自己的内容朝着垂直领域发展，而且越垂直越好。内容圈现在是许多热门的领域，像时尚、情感、影视等已经被一些内容大 V 占领，新人可以从中获取的粉丝红利越来越少，甚至可以说已经没有了。

对于内容创业新人来说，内容的垂直化程度越高，其面对的市场就会越广阔，内容的发展潜力也会越大。从内容创业的最初发展来看，似乎是离钱近的领域会更有人气，而这些领域的大 V 也都赚得盆满钵满，一些投资个人或投资机构也向他们递去橄榄枝，使得一些在圈外观察的潜在创业者心动不已。但人家抓住了内容创业的机遇时，在最好捞钱时撸起袖子、卷起裤腿赚了一把。而对现在才开始走上这个行业的新人来说，这样的天时已经失去，只能拼一下地利、人和。

通过分析现在这个行业的情况，一些垂直领域吸引的粉丝更加精准，并且也会更加稳定。这样的例子并不少见，像专注于星座的同道大叔、专注于个人宠物的回忆专用小马甲、读金庸的六神磊磊、点评西游记的王左中右等。他们的内容都被垂直细分得非常厉害。在前面讲过，垂直细分可以吸引一批精准且稳定的粉丝，这也代表着在同一领域的竞争会比较小。就像金庸和西游记都可以归类为文学领域，但由于它们是文学领域的细分，所以他们两个的粉丝群体并不冲突，也就没有所谓的竞争。再加上内容足够优质，就可以在最短的时间里收割最多的红利。

既然建议大家往垂直领域发展，那么在寻找素材时就得瞄准垂直领域。其实垂直领域的素材找起来并没有那么难，毕竟范围比较固定，也比较小。在寻找时，可以把握以下 3 点，如图 5-4 所示。

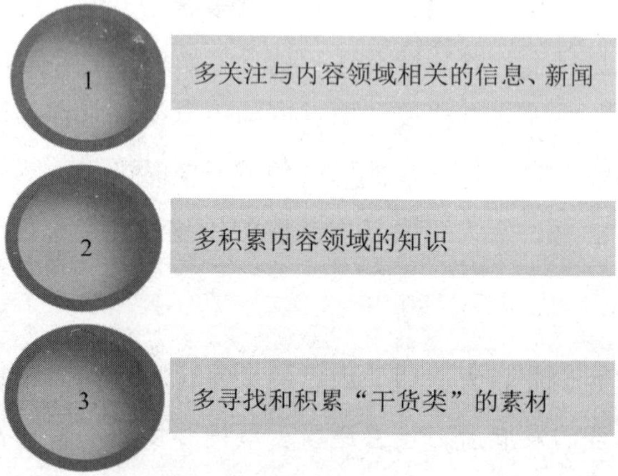

图 5-4　垂直领域素材要点

（1）多关注与内容领域相关的信息、新闻

在进行垂直化定位后，朝着定位的领域去寻找素材毋庸置疑，并且垂直领域的范围比较小，减少了寻找素材的难度。只要平时多关注内容定位领域的相关信息、新闻，就不愁找不到素材。比如六神磊磊在寻找素材时，就会多关注一些与金庸小说有关的信息，像一些贴吧、网站等都可以成为素材的来源。

但要注意的是，不能将所有相关的信息、新闻都纳入素材库中。在寻找素材时，要对素材保持高度的敏感，要有迅速过滤无用和低质素材的能力。像那些低俗的素材就应该自动屏蔽，因为它并不能为你创作出来的内容加分。

(2) 多积累内容领域的知识

素材不只是一个寻找的过程，还是一个积累的过程。如果注重平时的积累，脑子里的素材就会特别丰富，根本就不需要浪费很多精力和时间去寻找素材，在需要素材时，可以直接从大脑中调取。不过，这要建立在平时积累的基础上。其实，这样的形式是比较好的，那些现找的资料比较杂乱，在创作前要先进行挑选，会延长创作的时间。而平时积累下的素材应该都是觉得有价值的素材，这样的素材在创作时可以直接拿来使用，可以简化内容创作的程序，提高效率。

“读书破万卷，下笔如有神”，积累素材就是这个道理。要想在创作时如有神助，就得做好平时的积累，多看内容领域的书籍、多逛内容领域的网站，在这个过程中记录那些有需要、有价值的内容。在创作时随时调取，这样创作出来的内容不仅所用时间较短，而且质量会比较高。

(3) 多寻找和积累“干货”类的素材

许多人可能对“干货”不太理解。这里的“干货”不是吃瓜子、坚果等普通意义上的干货，而是指那些精炼且实用性强的内容，其实就是非心灵鸡汤类，可以向你传授某些知识和方法的内容。这样的内容往往价值比较高，也更能获得读者的青睐。所以，在寻找和积累素材时，就要把重心放在这样的素材上。

内容的“干货”程度现在已经成为内容行业的竞争力之一。各种类型的内容都会或多或少夹杂着一些知识和技巧。以大胃王密子君为例，她是一个“吃播”，内容看起来与知识一点联系都没有，但是她的视频内容就将食物与知识结合起来，有时会在其中穿插所吃食物的历史、吃法等方面的知识，这不也可以叫“干货”吗？对密子君来说，她所要寻找的素材就是有关食物的历史、吃法等知识。然后再很好地融入到内容当中。

在寻找垂直领域的素材时，把握以上三点，就可以找到一些有价值的素材。素材找得好，可以为文章增色不少。比如，平时积累了很多非常精辟的名言和某些方面的小技巧，并且在创作时添加到了内容中，那么内容的档次就能够提升一大截，对读者和粉丝数量的提高也会产生有利作用。

5.3 整合内容素材，保留价值部分

在收集完素材之后，接下来就要对素材进行整合。整合素材除了要进行分类以外，还要分清哪些内容是有价值的，哪些内容是没有价值的。所谓有价值的内容，就是为大众持续稳定地提供其他地方没有的利益——心理感受、有用信息、人脉资源等。简单来说，有价值的内容可归纳为以下3种，图5-5所示。

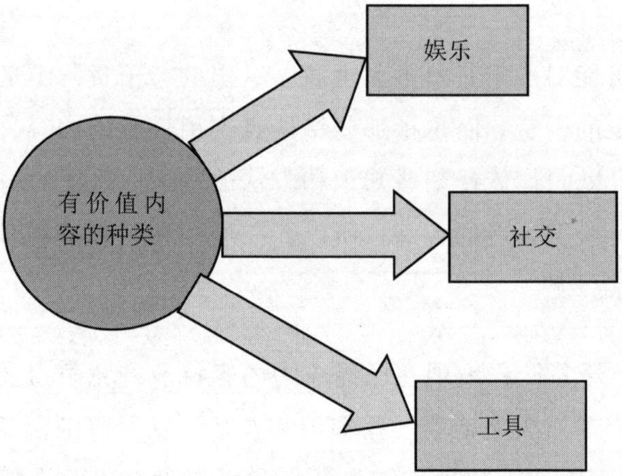

图5-5 有价值内容的种类

在整合内容素材时，要从两方面着手，一方面是保留和大众生活情感

息息相关、偏娱乐消遣属性的内容消费品，这种内容至少能保证团队有一定的收入，而且未来还有可能通过与粉丝经济绑定做付费的可能性；另一种是保留具有社交和工具属性的内容，这对用户的精神生活或实际生活更具有价值。

而且随着互联网和智能手机的普及，网络上的信息和广告铺天盖地而来，这使得人们逐渐进入信息碎片化时代。由于信息太多，人们通常对很多没有新意、价值的信息，不会有深刻的理解和记忆，它们只能成为过眼云烟。因此，在整合素材时，保留的内容要有洞见思维，告诉别人一些不知道的事情，而不是一些高大上的“空话”，或者是用一连串的数据、罗列一些现象来说明大家都知道的事实。

公众号“十点读书”在 2012 年 11 月 26 日发布了第一篇文章；2014 年 1 月 3 日粉丝达到 10 万人；2014 年 12 月 4 日粉丝突破 100 万人；2016 年 3 月 4 日粉丝突破 500 万人；2016 年 9 月 16 日粉丝更是突破 1000 万人。“十点读书”这一连串漂亮的数据，是自媒体人都梦寐以求的。

纵观现在的自媒体公众号，有多少个可以每天能涨几千粉？而“十点读书”每天的涨粉量少则两三万人，多则四五万人；有多少篇内容的阅读量可以超过 10w+？而在“十点读书”这里，发布的每篇文章阅读量都是 10w+；整个公众号平台上又有多少个 100w+的爆文？而“十点读书”待在头条的文章经常阅读量都能达几百万；有多少个能找到投资人？而“十点读书”经营不到三年，就拿到了吴晓波 300 万的投资。

“十点读书”为什么能向大家拿出这么一份令人“羡慕嫉妒恨”的成绩单？原因在于它的良性推送，持续输出优质的内容。在信息爆炸的自媒体时代，从来不乏以心灵鸡汤、美文美图为主的内容。对此，“十点读书”创始人林少坦言，“在资讯如潮的自媒体时代，读者更加需要精选优质的内容。”

打开“十点读书”公众号，可以看到每篇文章都有一个用心的标题（每个都不是标题党）、简洁的排版、充满场景的故事、然后再配上主播柔美的声音，其内容给人的感觉像是一碗暖暖的鸡汤，不矫情，但却能够走进读者的心灵。而且“十点读书”每次推送内容的时间是晚上 9 点~11 点，这个时间段正是粉丝阅读的高峰期。可见，“十点阅读”深深地迎合了读者的阅读习惯和阅读心理。

“十点读书”的成功离不开优质的内容，然而优质的内容离不开林少组建得编辑团队。林少的团队从最初的夫妻两人发展到 20 多人。在 20 多人的团队中，14 人属于内容编辑团队，可见，林少对内容的重视程度很高。

“十点读者”主要的内容来源——内容编辑创作、作者供稿和出版社新书推荐。它每天发布的内容中，原创比例相当大。“十点读书”的定位优势在于，它具备很强的原创能力。目前，它已与近 500 位作者合作约稿，同时还有几十家出版社供稿，坚持独立原创，这也是“十点读书”公众号出奇制胜的关键。

“十点读书”坚持原创，原创内容自然离不开内容的收集、整合。“十点读书”团队在素材整合时，找准读者定位，精挑细选内容，渐渐引起越来越多的人关注。林少说：“良性的推送有一个过程，一个方面需要你做出优质的内容让更多人看到；另一个方面你要尽量让更多的人来关注你的微信号。关注有很多的方式，比如，你持续地做出优质的内容，你的粉丝就会去分享，当粉丝分享后就会有更多的读者来关注你。做出优质的内容和增加粉丝就是两个互补的关系。”

在整合素材时，要多注重有价值的内容，少保留一些“情怀”的东西。

现在很多所谓的“情怀”，大家不是对它们不感冒，就是被很多人滥用。比如，有很多人在一层各式各样的“情怀”外衣包装下，把自己逃课打 dota 当作“追求恬淡的生活”；把挂科退学当作“沿着乔布斯的步伐”；把逃避家庭责任当作“不向世俗低头”；把玩物丧志标榜成“坚守儿时梦想”，甚至一些人格上有欠缺的愣头人也坚称要捍卫自己“拒绝虚伪，做一个好人”的信念。总之，大家对那些心灵鸡汤式内容已经免疫，如果现在再做这些内容，自然没有人买账。

因此，内容创作者在整合素材时，一定要认清时代的发展趋势，弄懂读者的阅读习惯。保留一些对读者有价值的内容，对那些不说“人话”的内容，应果断舍弃，这样既能避免浪费内容设计者的时间，又能防止被其他人滥用这些素材。

5.4 【案例】知乎：与世界分享你的知识、经验和见解

“知乎”是一个基于网络真实问答的社区网站，聚集了各个行业的人才。他们在这个小社区中分享自己领域的专业知识、经验、见解，不过有时也会出现一些“毒鸡汤”。但整体上还是一片和谐、友好的氛围。完全契合它的标语“与世界分享你的知识、经验和见解”。通过“知乎”可以看到一个更加广阔的世界。

现在网上许多好的问题答案，后面都会坠着“知乎”的名字，还有许多经典回答被网友们改成段子，在网上也非常受欢迎。似乎在不经意的某一天，“知乎”就这么悄无声息地在我们的生活中占据了一席地位。也许会让一些人感到突然，但其实并不然，“知乎”的成功有自己的门道，也许这些门道可以为大家的创业提供一些灵感。

活跃用户达到 1300 万人、月浏览量达到 50 亿次、提问数量达到 1000 万个、答案数量达到 3400 万个，这还是 2016 年的数据，2017 年只会更加辉煌。有的人也许不理解为什么“知乎”可以取得如此大的成功。这个问题的答案周源已经做了解释，他认为，“知乎”成功的根本原因就是与用户之间形成一种信任感。

为了将这份信任感更好地维持下去，“知乎”用了特别大的精力来处理用户举报，数量已达 270 多万件，并且都是通过人工的方式，给予用户最大的尊重。处理了 30 多万条质量低下的回答，而且为了使用户的满意度更高，“知乎”还在努力地提高处理用户问题的效率和准确率。

另外，为了使“知乎是一个知识搜索工具”的观念深入人心，“知乎”也在做着自己的努力。与搜狗进行合作，来提高搜索频次和精准度。这样一来，“知乎”的搜索频次增长了 80%，日均搜索请求达到了 5000 万的好成绩。当“知乎”慢慢成为知识搜索工具时，用户是为了寻找某个具体话题而访问“知乎”，那么“知乎”未来还可以通过广告来获取收益。周源曾说：“我们做了很多普通用户不一定能感受得到的工作，但只有将每项基础设施做好，最终才能把事情做好。”大家只能看到人前的辉煌，却看不到背后的付出。

与用户之间的信任感是“知乎”成功的根本原因，除此之外，还有一些其他的要点也促成了“知乎”的成功，如图 5-6 所示。

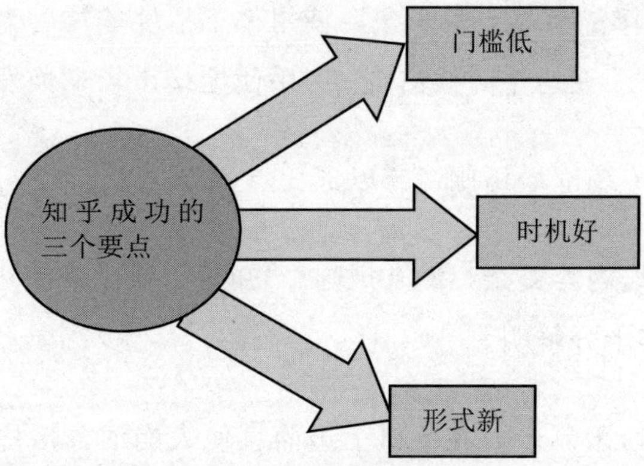

图 5-6 知乎成功的要点

（1）低门槛

2011 年，“知乎”开始做内测，最初时是邀请制。这时的定位还是专业领域以及高级精英阶层，在这个阶段，也就是 2011 年到 2013 年，“知乎”的用户数量几乎没有增长率，甚至可以说几乎没有多少人看。

2013 年，“知乎”开始公测，这是它的一个转折点。从那时开始，“知乎”始终维持着一个比较稳定的增长速度。原因是“知乎”平台改变了以前的模式，取消了邀请和强制实名制度，降低了用户和读者的门槛。纵观平台中一些比较受欢迎的知名大 V，很少用自己的真实名字注册。这和 2013 年之前有很大不同。门槛降低以后，大批量来自天涯、微博、贴吧等社区网站的粉丝开始活跃在“知乎”平台中，不仅带来了流量，还带来了热度。

（2）时机好

“知乎”抓住了传统论坛逐渐衰败的时机，用一个比较贴切的词来形容就是“乘虚而入”。凤凰论坛、大旗网、西祠胡同等倒闭的倒闭、转卖的转卖。整个 BBS 市场一片萧条，使用率下滑地非常厉害，增长率也跌到了负值。“知乎”在这个时候出现，似乎使论坛市场又焕发了一丝生机。

“知乎”与传统论坛相比，有以下 3 点优势。

① 传统论坛内容繁杂，没有规则。“知乎”就比较简洁，不掺杂广告或者游戏，内容十分鲜明。

② 传统论坛限制多，在手机上逛简直使人崩溃，用户体验太差。而“知乎”的 APP 设计精良，避免了传统论坛的弊端。

③ 传统论坛在对待新人方面做得不够好，刚来论坛的新人一般都无从下手。而“知乎”不同，它会尽量让新作者曝光，宗旨就是不以资历论英雄。读者新人也可以非常方便地看到一些热门话题以及之前的经典问答。

(3) 形式新

“知乎”这个新的问答形式给人们带来了新鲜感，而且还并不难看，这时光环就出现了。起初人们对问题仅仅局限于学术方面，但有一天突然发现其他方面的问题也可以问，比如：

为什么我有房有车还是找不到女朋友？
一个女孩子怎么自如地通下水道、换灯泡？
怎么说话才能交到更多的朋友？

而且那些受到欢迎的答案也不一定是专家的回答，这就吸引住了大众的眼光。最终，“知乎”成为了一个包罗万象的问答库。它的用户也由以前的专业精英阶层变成了有一定知识文化的大的用户群体，各种行业领域的人们都纷纷加入到“知乎”当中，可以来看一张“知乎”的用户分布图，如图 5-7 所示。

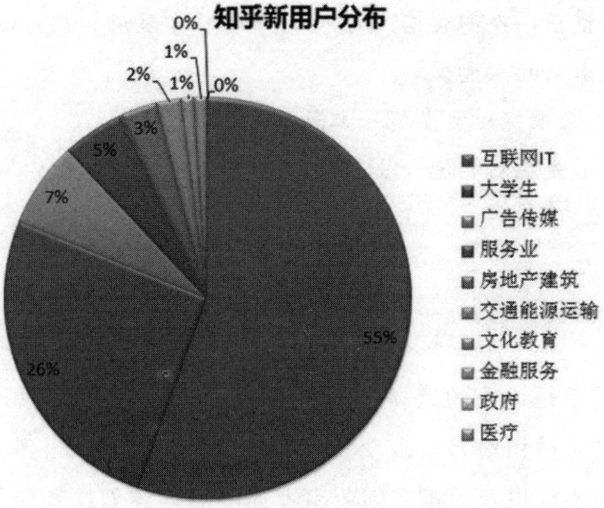

图 5-7 知乎新用户分布图

“知乎”也许不是人们想象的普通意义上的内容创业，但是其本质都一样，都是用内容来吸引读者，只不过它吸引来的是用户。第 5 章一直讲得素材，“知乎”看起来与此并没有什么联系。但并不是这样，只要是内容就得有素材，“知乎”的素材比较特殊，来源广泛、种类繁多，所有的用户都可以是素材来源，更重要的是“知乎”自身就可以成为内容创作者的素材来源，并且其中的好东西还不少，可以来看几个例子。

① 你最深刻的错误认识是什么？

以为自由就是想做啥做啥，后来才发现自律者才会有自由。当一个人缺乏自律时，他做的事情总受习惯和即时诱惑地影响，要么就是被他人的思想观念所扰，几乎永远都不可能去做内心真正渴望的事。

② 如何成为有想法的人？

你们有没有发现，很有想法的人往往“厚脸皮”。我是说：他们不害怕说出一个想法后，被人认为可不可以用。有想法的人太多，敢说出来的人太少。

③ 怎么确定对方是能一辈子和我在一起的人？

钱钟书先生对杨绛女士有这样一段评价，被社会学家视为理想婚姻的典范。第一，在遇到她以前，我从未想过结婚的事；第二，和她在一起这么多年，从未后悔过娶她做妻子；第三，也从未想过娶别的女人。

这些难道不是优秀的素材吗？在寻找素材时要用发散思维考虑不要局限。将这些素材积累起来，没准哪天在创作时就可以用到。而“知乎”成功的原因和要点也能给正在创业路上迷茫的内容创作者指引一些方向。

6

内容设计要有创意，避免同质化

内容是内容创业中最重要的部分。大多数人可能觉得写好文章就是内容的所有，这种想法有些狭隘。内容包含着方方面面，标题、内文、图片、版式都是内容的一部分。在创作时不能只看重内文的表达，以上四点都必须考虑到。本章就此进行讲解，让内容创业者可以创作出更加全面、优质的内容。

6.1 标题：做鱼饵要有诀窍

随着内容创业者越来越多，整个市场变得越来越拥挤，内容行业中的人也表示内容越来越难做，这确实是现在的实际状况。软文、视频数量太多，人们似乎已经对此形成了一套免疫系统，即使内容再好，也会由于某些原因不会被打开。

在如今这个碎片化的时代，大部分人每天必做的事情是刷微博、看朋友圈，使用各式各样的应用程序。在这个过程中每天都要接触大量的信息，但是它们并没有使我们变得更聪明，因为信息数量太多，我们根本不能进行深层次的阅读。

针对这样的情况，笔者想在本小节分享，如何在内容的入口处打开粉丝市场，也就是如何写好内容的标题。内容标题就像鱼饵，读者和粉丝就是鱼，要想让他们上钩，就得用好鱼饵来吸引他们。内容的入口就是标题，如果连入口都不吸引人，那么即使内容再好也不能让读者点击内容去阅读。所以，必须从入口就把读者吸引过来。本小节介绍应该如何做好标题这个鱼饵，并成功钓到读者这条大鱼。

创作一个好的标题，应该从以下几个要点着手，如图 6-1 所示。

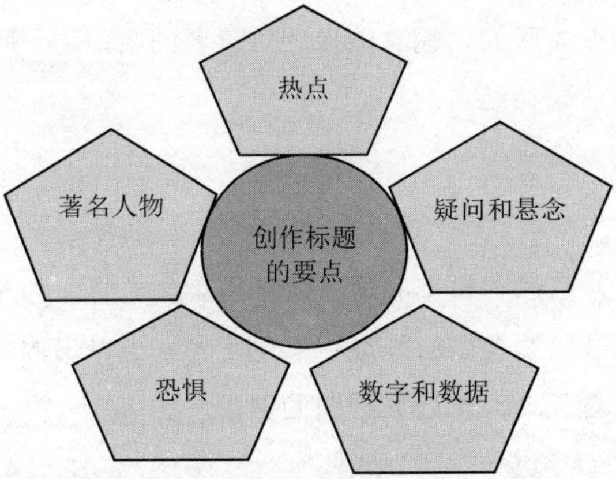

图 6-1 创作标题的要点

（1）热点

笔者在之前一直在讲，内容的各个方面都离不开热点，当然标题也不例外。这也是各内容创作者深谙的道理。热点是被最多人关注的话题焦点，是每个人都非常关心的事情。人们都有跟风和猎奇心理，如果你的标题体现了当下某一个热点话题，那么带着自己跟风和猎奇的心理不由自主地点进去看一看，符合人们的本性。

比如，2017 年的电视剧《我的前半生》很火，人们对于相关的话题总是充满兴趣，抓住这个热点话题的标题总可以带来更多地点击。

还有一些热门事件，如双十一、情人节、七夕也是创作标题的素材。比如：

双十一那天你做了什么？
他们在情人节那天秀恩爱，我要报警。
大家都在过七夕，但是你知道与七夕有关的这些知识吗？

像这样与热点关联的话题总能提升对读者的吸引力。所以在创作标题时要注意与热点话题相结合。

（2）疑问和悬念

之前讲过，人们都有猎奇心理。疑问和悬念式的标题充分抓住了人们的这种心理，通过调动人们的好奇心来促使大家去点击内容。对于这个方面，我们可以来看几个大象公会标题的例子。

怕上火，难道你就不怕肾衰竭？
学生干部发迹指南
明太祖是怎样升起的？
互联网上为什么猫比狗更受欢迎？
为什么近几年发现的大钻石那么多？
古代的武状元到底有多厉害？
大象怪谈故事
中国人为什么热爱嗑瓜子？

大家可以感受一下，看到这样的标题是不是想点进去看一看内容，这就是疑问和悬念标题的作用。在创作标题时要尽量使用问句，或者讲一半的句式。

（3）数据

对理科出身的新媒体人员来说，处理数据是他们的强项，也是一种可以引起读者兴趣的方式。加入数据的标题可以让读者更直观地感受到内容和主题。比如：

震惊！99%的人都不知道这个东西竟然有这样的作用！

为什么说 74 和 83 是人生命的坎？

明星在挑选护肤品时最关心这 5 个问题

带有数据的标题可以很快将读者带入内容的情境当中，就像第一个标题，看到这个标题，你肯定就想知道到底是什么东西，有什么作用。在这些问题的困扰下，就想点开一探究竟。

（4）恐惧

恐惧是所有人都会有的一种心理状态，也是情绪的一种。当出现了一个能够抓住读者情绪的标题后，读者自然会形成一种情绪反射。在这种情绪反射的驱动下，读者会不由自主地点开看其中的内容，比如：

劲爆！生活中常见的这个东西竟然会致命！

天啊，这里竟然发生过这么可怕的事情！

身体出现这 3 种信号的人要注意了，你们有危险了！

带有疑问又让人恐惧的标题可谓标题中的上等标题，确实足够吸引人。不知大家是什么样的感受，反正这样的标题非常吸引笔者。

（5）著名人物

现在的人们平时都喜欢追星，崇拜名人，所以一些带有著名人物的标题也受到大量读者粉丝的青睐。只要读者对这个人物感兴趣，看到与他相关的标题都会毫不犹豫地点进去，比如：

范冰冰在李晨求婚时说了这样的话

王思聪又要干大事了

没想到你是这样的林更新

这样的标题，就能用名人身上的光环效应来带动内容的阅读和点击量。

这 5 个标题技巧对内容创业新人来说非常重要，必须要掌握。带着这 5 个技巧，再加上实践经验的积累，就可以发展出一种带有自己个性的标题风格。在这个过程中，应该知道什么样的标题适合什么样的读者群体，并不断尝试、优化。但是标题毕竟只是一个入口，能够真正留住读者，发展为粉丝的秘诀还是要靠优质的内容。

6.2 内文：价值性强，有特色

内容行业的发展宗旨是“内容是王道”。对一个内容创业新人来说，如何创作出好的内容是最让他们头疼的事。即使标题包装得再华丽，内容跟不上也只能是华而不实。所以，要想在内容行业长远发展，就要在内容上下工夫。像 papi 酱、二更、一条等内容大咖，能有今天这种地位还是靠优质的内容取胜的。

那么，本节就来总结，到底应该如何创作出优质的内容。对此，应该把握以下几个要点，如图 6-2 所示。

（1）接地气

今日头条的口号是“你关心的，才是头条”。这个口号放在这里非常合适。你和天天只知道工作和游戏的宅男、宅女们谈旅游，他们能有兴趣？你和一个“以食为天”的美食家谈如何节食，他会喜欢？你和一个“事不关己，高高挂起”的普通百姓谈国家新政策，他会看？同样的道理，如果谈论的都是他们不关心的话题，内容质量再高，他们也只会匆匆一瞥，根本不会买单。

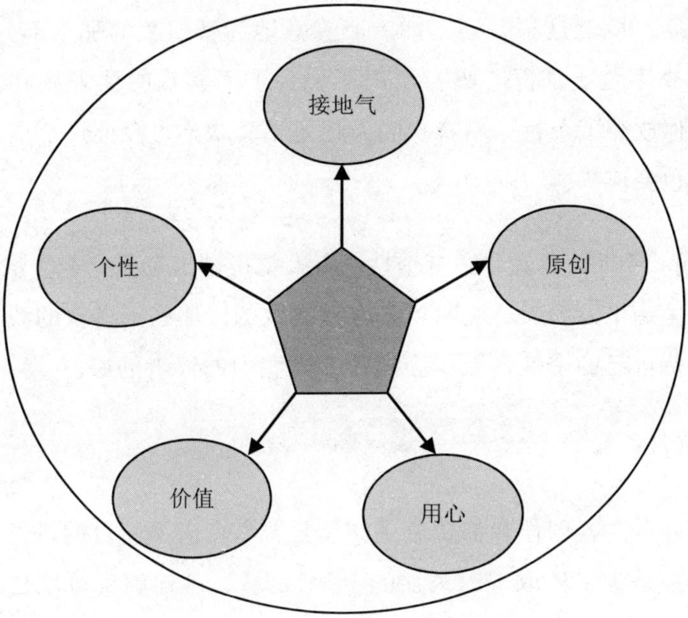

图 6-2 创作优质内容的要点

在这样的情况下，创作出来的内容，必须是你的读者感兴趣的，对他们来说这才是好内容。内容属于什么领域，就可以吸引什么领域的读者，按照他们的喜好来创作内容，才能受到他们的青睐。也就是接读者“地气”的内容才是好内容。

（2）个性

大街上穿着另类的个性人都会获很高的回头率，内容也是一样，彰显个性会博得更多读者的眼球。有些创作者在创作内容时完全不会刻意地去掩饰自己情绪，讲到情绪爆发时，也会出现一些比较带有个人色彩的词语。也许一部分人并不喜欢这样的表达，但这是创作内容，要向大家阐述自己最真实的感受。就算有些人看不惯、不喜欢，那又有什么关系，肯定会有人喜欢，只要取悦他们了就可以。其实，就算你的内容再好也做不到让所有人都喜欢。既然这样，还不如专心专意地为喜欢我的那一部分人服务，那样做起来不是更加舒心吗？所以不要为了不喜欢的读者放弃自己的个性，就算你放弃了个性，不喜欢的人还是不喜欢你，没准连那些欣赏你的个性读者也会流失。

像 papi 酱的视频就非常有个性。有人觉得她太夸张，不喜欢她，但是人家照样坐拥千万粉丝，说明还是有人喜欢的。那些不喜欢的我们不需要强求，坚持自己的个性，至少会赢得喜欢我们的读者的心。

（3）价值

现在许多内容创作者都带着多阅读量、高点击率的目的进行创作，创作的内容都是为了博取一时关注的“塑料文”。这样确实可以达到提高阅读量和点击率的目的，但并不能长久。要想使读者看过内容之后，能够收藏并且关注，下次推送新的内容时还会继续点开，就得依靠内容的价值。内容要为读者带来一些实质性的价值，比如，教会他某一项技能、带他走出心灵的阴霾，笔者相信他会喜欢你的内容并且喜欢你的。所以，各位内容创作者，要做的就是静下心来，认真地搜集素材，整理语言，认认真真、勤勤恳恳地创作出一些对社会、对个人有价值的内容，才是这个行业的生存之道。

（4）用心

创作内容是一个表达思想、记录点滴的过程。在这个过程中，创作者与读者进行心灵的沟通。虽然二者素昧平生，但读者可以通过内容体会到创作者的内心世界。所以，要想自己的内容可以源源不断地吸引粉丝，并获得关注，在创作时就要深入到他们的内心。

要想取得这样的效果，不需要文字游戏和华丽的辞藻，只要文字朴实、真切，语句通顺、有条理就好。在阐述事情的过程中表达自己的思想感受，人们看过内容之后就会觉得像一个活生生的人站在他们面前一样，这样就可以形成一种与读者之间的默契，给读者一种可靠、可信赖的感觉。内容是否用心创作，读者可以感受出来。通过看你的内容，实现你们心灵的碰撞之后，他们就会成为内容的忠实粉丝。

（5）原创

现在整个内容行业都推崇原创，这也是长期立足于行业的秘诀。但人的才华毕竟有限，总会有江郎才尽的时候。如果出现这种情况，就多看其他的内容，总结一套自己思路，再进行创作。但要注意的是不能看了别人的内容之后就丢弃自己的风格，这是大忌。看别人的内容是为了拓宽思路，给自己充电，而不是为了模仿人家。

在创作内容之前，首先要把握以上 5 个要点。内容是内容创作中最核心的竞争力，内容不合格，其他方面再好也白搭。做内容首先要对得住自己的心，才有可能得到读者的芳心。在创业时，一定要把重心放在内容上面。将内容这把剑磨得锋利无比，才能在内容创业的战役中占得上风。

6.3 图片：用得好，就加分

在现在这个竞争异常激烈的内容行业中，稍微有一点做得不好就有被淘汰的危险。所以，内容创业者在创作内容时必须要做到面面俱到，不能只考虑文字内容，还要考虑与内容相关的方方面面，图片就是其中一个元素。纵观现在的内容，很少会有一直在长篇大论的纯文字内容，先不说别人，这样的内容恐怕就连你自己也懒得看。

即使是历史类的文章都会有相应的配图。所以，只有那些图文并茂的文章看起来才会没有那么枯燥，人家才会浏览完你的全部内容。在内容中加入图片非常有好处，最显著的就是以下 4 点，如图 6-3 所示。

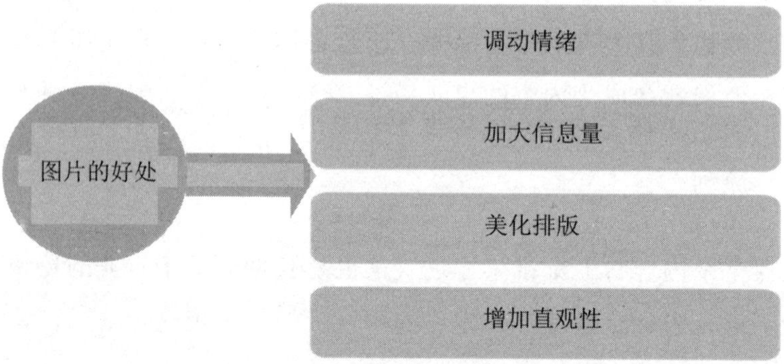

图 6-3　图片的好处

（1）调动情绪

人的情绪可以被某些人、事、物所感染。比如身边的人对着你笑，你也会被感染得非常快乐；当你身旁的人非常难过时，你也会觉得不开心。有的内容需要向读者传递某些情绪，引起他们的共鸣，这时，一张图片就可以帮助创作者达到这样的目的。而且在适当的地方加入图片还可以缓解枯燥，调动读者的积极情绪。

（2）加大信息量

有时 1000 字的内容可以和 2000 字的内容包含同样的信息量。除了文字的运用外，图片也是一个重要的影响因素，比如一些数据类的信息，可能要用比较多的文字才能表达清楚，但如果加入图片的话就可以不必浪费那么多的笔墨，而且还能增加信息量。

（3）美化排版

在内容的排版中，图片是非常重要的一部分。如果所有的内容都用文字堆砌起来，不但读起来使人兴趣索然，而且整体的排版看起来也并不美观。加入一些精美的图片就会不一样，可以带给读者美的享受。

（4）增加直观性

内容中总会有一些信息很难用一两句话表达清楚，但图片就可以很好地解决创作者的这个难题。所以，当某些信息表达起来会比较困难时，我们可以尝试添加图片的方式。这不仅可以避免一些不必要文字的出现，还能增加内容的直观性，使得表达力迅速提升。

介绍图片的好处不是笔者的最终目的，教给大家应该加入什么样的图片，怎么加入图片，在这个基础上为内容增色、加分才是笔者的最终目的。首先笔者为大家讲解内容中应该添加什么样的图片，从以下 5 点把握，如图 6-4 所示。

图 6-4　配图的要求

（1）清晰度

清晰度不够的图片会让读者看起来不舒服，本来看文字内容就会耗费比较多的精力，如果再看到一张根本看不清的图，读者能开心吗？

（2）简单明了

图片中元素的多少是衡量一张图片好坏的一个重要标准。元素过多会影响图片自身的表达能力，并且这样的图片也不美观，我们要尽量选择那些简单明了、元素少的图片。

（3）没有水印

尽量要选择没有水印的图片，以便更加美观。

（4）大小适中

图片太大，加载起来就会比较慢，可能你都看到图片那里了，它还没有加载出来，这和没有添加并没有太大的区别。图片太小，页面就会有留白的地方，影响美观。所以在选择图片大小时一定要注意适中，一般以600×400px左右为最佳。

（5）整齐统一

尽量使用差异不是特别大的图片。比如，上一张图片本来是非常文艺的风景图，下一张立马变成带着恐怖面具的小丑，这样会给读者一种文章不统一的感觉，不容易使读者对你的内容产生认同感。

以上是对于应该配什么图的描述，接下来大家可以跟着笔者学习一下应该如何在内容中配图，我们必须记住以下四个要点：

（1）图片的数量应该保持在三到六张。

（2）每150个字左右插入一张图片最为合适。

（3）选择颜色鲜亮、饱和度高的图片。

（4）封面图片的“颜值”一定要高。

好的配图可以瞬间提升内容的质感，衬托出内容的整体气质。有些创作人喜欢长篇大论，动辄就是上千字，大家觉得这样的内容推送出来会有人看吗？在创作时，应该多分几段，再适当地加入一些图片，这样读者在看内容时才不会那么疲劳，还可以放松一下眼睛，何乐而不为呢？

本节的最后为大家奉上一个小彩蛋，推荐几个不错的配图网站，让各位内容创作者可以在配图时有素材来源。

动图网站：
狐图网（giffox.com）；
gif 酷（gifcool.com）；
嗨图网（hitu.org）。
图片网站：
花瓣网（huaban.com）；
堆糖网（duitang.com）；

6.4 版式：巧妙组合，为内容添色

内容创业的根本还是要以内容为王，你其他方面做得再出色，只要内容不够好，也是于事无补。内容的质量自然是创作者必须看重的，但内容版式就好比我们每天的穿着打扮，如果打扮得不好，就不会招来多少目光。所以，必须把内容的版式安排好，不然内容也会跟着受牵连。

许多内容创作者对内容的排版并不重视，他们觉得要把所有的精力放

在如何做好内容上面。这样想没有问题，但是大家不要忘记，排版也是内容的一部分，也和内容质量的高低息息相关。如果有一篇没有任何排版的千字文和一篇经过精心排版的文章同时放在你面前，你会选择去看哪个？笔者相信绝大多数人都会选择去看后者。在这个时间碎片化的时代，全文字的内容已经失去了竞争力，人们没有时间也没有精力去看这样的内容。在这样的情况下，你就得为你的内容加点料，而排版就是内容的一剂调味料。

既然内容的版式这么重要，那么对内容创作者来说，学习如何对内容进行排版是一件迫在眉睫的事。其实，排版并没有那么困难，我们只要把握以下几点进行就可以解决这个问题，如图 6-5 所示。

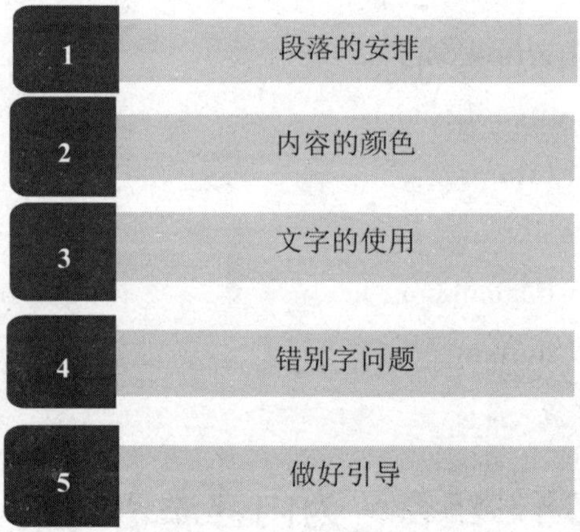

图 6-5　排版的 5 个要点

（1）段落的安排

在创作内容时，一定要记得分段。一般情况下，两三句比较长的句子就可以独立为一个自然段。如果不分段，整篇就是一大段密密麻麻的文字，会对读者的阅读体验造成不小的影响。

通常我们在写文章时，每个段落首行缩进两个空格早就是约定俗成的事，但是要推送的内容不一样。由于手机的屏幕本身比较小，为了使阅读更加人性化，最好是不要在段首进行缩进，只要每个段落之间空上一行就行。这样也可以达到分开两个段落的目的，而且还可以让读者在段落空白时休息一下自己的眼睛，提升阅读体验。

（2）内容的颜色

整个内容的基本颜色要尽量保证在3种以下。如果你的眼光独到并且颜色搭配能力比较强，那么颜色方面可以做适当的调整，但是笔者给大家的建议是尽量避免花里胡哨，那样会显得内容不够庄重。

（3）文字的使用

文字的使用包括字体、字号、颜色及行距等问题。先来讲字体和字号的问题。微软雅黑是最常用的一种字体，并且安全性比较高。在同等字号下，微软雅黑字体看起来会比其他字体更大，也更清晰。因此，我们应该尽量选择微软雅黑字体，至于字体的大小只要在 12～16px 这个区间内就比较合适，不过用 14px 大小的比较多。

接下来是颜色的问题，有的内容账号会严格要求内容中的文字颜色。因为纯黑色会太过扎眼，而彩色太多又会显得眼花缭乱。为了很好地避免这两种情况，深灰色（色值为#5a5a5a）成了各个创作者的心头好，对于占文字面积最大的正文来说，这是最合适的一种文字颜色。而文字较少的解释说明内容，则应该使用颜色较浅的灰色，比如#b2b2b2 色值是灰色。还有一些红色、黄色等彩色文字，可以作为标题或者是某些内容的分割线。具体还要根据文字颜色的基调进行调整。

最后是文字行距的问题。对于这个问题，一般来说，将行间距设置为 1.5 倍最佳。由于正文的字数会比较多，出于美观考虑，一般都会选择左对齐的形式，而像标题这种字数比较少的选择居中对齐最为合适。

（4）错别字问题

完成内容的创作、排版等之后，一定要多检查几遍，保证内容中没有错别字，反正笔者在看一篇文章时，如果看到一些非常明显的错别字，就会对内容产生不太好的印象，笔者相信大家也都一样。出现错别字说明创作者对内容并没有上心，这样的问题完全可以通过认真仔细检查避免。所以，错别字一定不要在内容中出现。

（5）做好引导

在创作内容时，有的时候会与以前的内容有联系。我们就可以将以前内容的链接加到现在的内容中，引导读者去读以前的内容，顺便为以前的内容增加一些阅读量和点击量。这和一些网站内的链接是一样的道理。

在安排内容版式时，我们要时刻牢记以上几点，完美的版式可以为内容锦上添花。甚至在内容没有那么好，但排版过硬的情况下，读者的视觉得到满足，也会毫不吝啬地为你的内容贡献一部分阅读量。如果创作者真的对排版无能为力，笔者向大家推荐几个网站，相信在它们的帮助下，你的排版问题就会迎刃而解。

135 编辑器	网址：http://www.ipaiban.com/
秀米	网址：http://xiumi.us/
易点微信编辑器	网址：http://wxedit.yead.net/
i 排版	网址：http://www.ipaiban.com/
花瓣网	网址：http://huaban.com/

6.5 【案例】暴走漫画：画面故事感强，形成强烈的视觉冲击感

“王尼玛”是一个与众不同的男人，靠着一个个根本不好看，甚至可以说是“丑到爆”的表情包收获了一大批粉丝。用户数量达到 2000 万名，表情的发送量竟然已经是千亿次级。这些都是“王尼玛”带领的暴走漫画的成绩。“暴走漫画”的粉丝习惯叫它“暴漫”。今天，笔者也做一回它的粉丝，在本小节中称呼一声“暴漫”。

“暴漫”表情夸张，不走寻常路。主题是各种笑话段子，属于一种开放式漫画，这种形式非常受网民喜爱。由于在网络上流行，该种形式被我国有眼光的团队看重，逐渐引进到我国并在精细化的运营中得到了非常好的发展。在这个过程中，《暴走大事件》视频系列被开发出来，并且带红了王尼玛、张全蛋等深入人心的形象。“暴漫”主要的业务就是制作暴走漫画，是西安 MOMO 信息技术有限公司旗下的产品。“暴漫”的形象虽然表情夸张，但形象却很简单，最显著的特点就是一个大的白头套。“暴漫”中的故事都非常凝练，虽然可能粗糙了一些，但是通俗易懂、接地气，能够带给人们一种视觉上的冲击，在心中留下深刻的印象。“暴漫”故事的篇幅都并不长，但是情节却跌宕起伏。能为读者带来刺激的阅读体验。

“暴漫”还有表情产品。其中的表情都使用固定的一种模板，通过将表情进行各式各样的搭配来反映现实以及虚拟的网络世界，达到发泄或讽刺的目的。正是这种独特的表现形式和随心所欲的表情搭配造就了“暴漫”现在的辉煌，也受到了众多粉丝的喜爱，渐渐成为人们在网络上面一件必不可少的用品。

从 2013 年《暴走大事件》刚开始上线时，“暴漫”就火了起来，尤其

是在年轻群体当中非常流行。最好的验证就是《暴走大事件》第四季每集的平均播放量已经将近 4000 万次，而旗下的其他视频的月播放量也取得了超过 5 亿次的好成绩。整个“暴漫”家族的所有视频的总播放量甚至超过了 57 亿次。

“暴漫”的受众粉丝群体主要是年轻人。据统计，我国“80 后”“90 后”的年轻群体人数大概在 4 亿名左右，而“暴漫”节目就赢得了其中 1.6 亿名受众。还有 38%的受众表示购买过“暴漫”旗下的产品，68%的受众表示认可他们的品牌。“暴漫”如此受年轻人的欢迎，总该有其中的原因，这毋庸置疑。最主要的原因在它所表现的价值观上，“暴漫”的消费观体现在“三敢”上：敢于创新、敢于出格、敢于表达。这与现在年轻人的价值观极度符合。并且，年轻人的购买欲望和购买力通常很强。这就为他们的产品推广提供了保障。

“暴漫”的 CEO 任剑曾经说过这样的一段话：“暴走想做的不只是一个草根网红的事，更是要打破别人对于草根、对于网红所持有的一种偏见，让暴走旗下的艺人能和影视明星、歌手一样，成为能被大众接受的、真正的明星。”这就说明“暴漫”是从大众的角度来进行创作的。

“暴漫”成立之初的梦想就是要成为“年轻人第一文化品牌”。之前与不少品牌有过合作。像魅族、百事可乐，甚至卫龙辣条，这些都是在年轻群体中非常受欢迎的品牌。笔者认为“暴漫”与它们进行合作就是出于此种考虑！

2017 年，“暴漫”团队还要继续往年轻人感兴趣的领域扩大。开发脱口秀、室内综艺、真人秀等独具特色的“暴漫”网络综艺节目，并且要求团队中的每个人都大开脑洞，在节目中尝试更多新鲜、刺激的玩法。《暴走大事件》还会继续出新的一季，之后还会有《脑残师兄》系列以及《暴走大富翁》系列等全新节目。我们可以来看图 6-6 中的“暴漫”发力四大块，就能清晰地知道它即将要涉及的领域。

图 6-6 “暴漫”发力四大块

由此可以看出，“暴漫”正在积极地与大平台、大品牌进行合作，努力打造一个原创大 IP。“暴漫”的联合创始人郝雨说过：“暴走漫画正是要借助这些大神，将自己的内容传播出去，同时要保证自身的质量不变，创意不枯竭。”目前正是内容行业竞争日趋激烈的时候，各种渠道同时发力，许多时间短、内容多的视频横空出世，用户的口味也越来越难把握，想要取悦他们绝非易事。郝雨的这段话或许为解决这些问题提供了新思路。就是用传统娱乐大咖的资源来发展自己的内容。

除了在商界叱咤风云，“暴漫”还热衷于公益事业。成立公益基金会，开展慈善公益活动，致力于改善和解决贫困儿童的健康和教育问题，为他们的正常生活提供物质上的保障。在做善事的基础上扩大自身的影响力。

最后，笔者想为大家分享任剑在腾讯学院进行演讲时的几句话。

“其实从 2008 年开始，我们就在做 IP（知识产权）开发、采购和延伸品，我们扶持很多四格漫画作家，获取 IP 的周边产品开发权，最后我们累积了不下 400 套 IP。2011 年时，我们决定拿到市场上‘遛遛’。”

“我们推出 MOMO 平台，内容的确很火爆，然而并没有什么作用。大家不到我们的平台上观看，即使我们打了 20%透明度的水印，最后也被“盗图者”抹得一干二净，贴到别的网站。T 恤也被盗版，别人卖得比我们成本价还低。”

“2011 年至 2012 年，出现了一个转机——我们公司没钱了，所以我们不能再扶持作者了。当时我们希望寻找出一种节约成本的办法，如果我们不掏钱去养这些漫画，而让大家制作漫画，写一个简单制作器程序，基本零成本。”

这几句话是任剑在讲述“暴漫”创业初期时的困境，对此笔者想说，没有一个创业者可以随随便便成功，在他们的背后一定有不为人知的辛酸苦楚。既然选择了创业这条路，就不要轻言放弃。马云有句话说得好“梦想还是要有的，万一实现了呢？”打算创业的各位，一定要抱着这样的信念坚持下去。要相信自己总有一天会成功，即使没能成功，这段经历也会成为人生中最宝贵的财富。

第二篇
如何做内容分发

笔者曾在一本书中看到过这样一句话：“内容分发是内容运营工作的四大方向之一，而内容运营恰恰是运营领域最重要的一部分”，道出了内容分发的重要性。对于内容创业者来说，必须重视内容的分发，不然，内容再好但发不出去，别人看不到，那还有什么意义？所以，我们在进行内容创业时一定要把内容分发做好。本篇就来为各位内容创业者指引内容分发的道路。

7

渠道分发：显示用户获得内容的最佳入口能力

内容分发首先要考虑的就是渠道，渠道的选择会在很大程度上影响内容传播的各个方面，进而影响内容的阅读量和点击率。所以，各个内容创业者一定要擦亮双眼，选择一个适合自己内容的分发渠道，以便实现内容的最大化价值和自己的最大化收益。本章就是对渠道分发的有关叙述，相信通过对本章的学习，各位可以找到一个适合自己的完美分发渠道。

7.1 内容分发三大渠道：百度、阿里巴巴、腾讯

随着内容行业发展的风生水起，内容的分发也成了一个亟待解决的难题。应该选择什么样的渠道将内容分发出去就这么直挺挺地摆在内容创业者面前。要想解决这个问题，我们首先要知道有哪些渠道可以选择，它们的情况又是如何。本小节重点介绍内容分发的三大渠道。

内容创业"春天"的到来带动了与内容相关的一系列产业的发展，内容分发就是其中的代表之一。说起内容分发，一夜之间引得大多数互联网公司都参与了进来，这个说法并不夸张，甚至一些与内容根本没有联系的公司都纷纷跳上了内容分发的船。但这些公司毕竟不是科班出身，在内容分发上的竞争力还差一些。在内容分发领域，现在是一种"三足鼎立"的状态。对此，有的人可能会问具体是哪三足，别急，来看一下图 7-1 就会知道答案。

图 7-1　内容分发三足

实际上，"内容分发"从本质上来说只是一个小平台业务。就是这么一个小小的平台，为什么会引得百度、阿里巴巴、腾讯这样的互联网巨头

“争风吃醋”？笔者来介绍一个数据，大家可能就会明白。

8300 万人，这是 2017 年百度第一季度财务报表中百度资讯流每日活动用户量的数据。这个数据可谓百度财务报表的亮点。从这个亮眼的数据来看，百度甚至已经超过今日头条，成为内容分发的领头羊。百度能够取得现在这个成就，离不开 CEO 李彦宏的高瞻远瞩。2017 年，在百度的内部演讲中，李彦宏表明，今后公司的首要业务就是“内容分发”，必须重点发展，尤其是信息流产品。

百度虽然成绩耀眼，但另两大巨头阿里巴巴、腾讯也不得不提，它们也积极地加入内容分发的战局之中。那么到底是什么力量促使他们一定要出战？原因主要有 3 个，如图 7-2 所示。

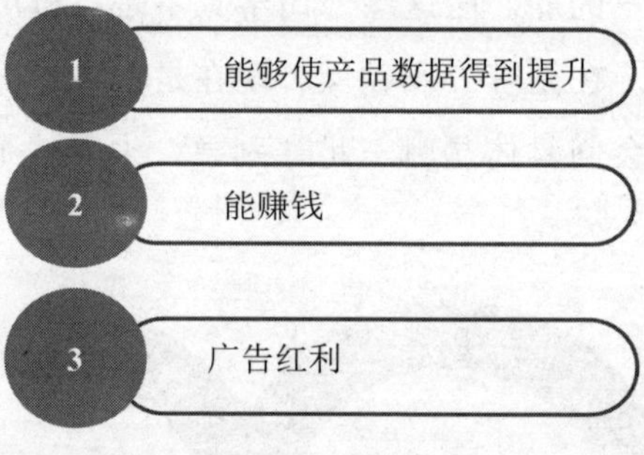

图 7-2　三大巨头涉足内容分发的原因

（1）能够使产品数据得到提升

在这个手机普及的时代，移动互联网得到了很大的发展。手机应用数量太多，可是用户就是那些，根本不够分。尤其现在还处在一种流量增长逐渐变慢、成本逐渐提高的状态，它们的获利就更加困难，只能利用提高留存的方式达到增加产品数据的目的。而开展内容分发就是一个可以有效提高留存的途径。

（2）能赚钱

内容分发最初的“霸主”今日头条的迅速发展使他们看到了内容分发背后的丰厚利益，并为三大巨头提供了一种商业模式的范例。从 2014 年今日头条成立到现在，他们的收入一直保持着一种快速增长的状态，2017 年的收入甚至可以达到 150 亿元左右。这样丰厚的利益，试问谁不会动心？

（3）广告红利

移动互联网的“油水”虽然已经被榨得差不多了，但广告方面还有利可图。而且经过这一段时间的发展，移动广告已经脱离瓶颈期，进入一个快速增长的阶段。可以通过以下两个案例证明。

> 谷歌于 2017 年 5 月 7 分公布了公司第一季度的财务报表，Alphabet 在本季度的收入为 247.5 亿美元，而广告收入就占了其中的 75 亿美元。
>
> 从 TalkingData 公布的数据来看，iOS 和安卓的移动广告点击量是一种一直在增长的趋势。安卓增长了 39.5%，iOS 的增长则更为猛烈。由此可见，移动广告的红利十分诱人，可以说是一个最佳的现金流模式。

现在，百度的首页中出现了一个信息流板块，除了以前的搜索功能以外，新增了资讯浏览。阿里巴巴公司的支付宝产品最近也增加了“天天有料”板块，包含了各种类型的内容。在这样的情况下，腾讯也不甘示弱，“腾讯新闻”和“天天快报”是它最有利的内容分发武器。并且还领投了相当火热的短视频 APP——快手。

以上种种均表明，互联网的这三大巨头都在朝着内容分发的领域迈进。内容已经慢慢变成了人们生活中的必需品，在人们的衣食住行需求被满足之后，信息肯定是首选的附加需求。正是因为内容满足了人们的信息需求，所以内容分发才成为以三大巨头为首的互联网公司抢占的领域。

百度将布局人工智能作为一个非常重要的公司战略。致力于把人工智能与流量优势完美地联系起来。通过平台上数量巨大的用户数据，利用人工智能算法，将他们最感兴趣、最想看到的内容展现在他们面前。

阿里巴巴本身依靠电商发家，在流量方面的需求非常大，并且危机意识很强。收购 UC、开发支付宝的社交功能等都是吸引流量的战略。

腾讯则是使用“协同作战”战略。它本身就有 QQ、腾讯新闻、微信等有力的平台，在这场战役打响之后，又填补了天天快报这个个性化推荐的内容分发平台。几个大的在线平台协同运作，形成了一条完整的内容分发链条。

内容分发的现状其实和内容创作并无太大差别，都已经是一种差不多饱和的状态。在这三大巨头中，腾讯虽然有海量的用户作为基础，但是，毕竟整体的市场格局还是一种未知的状态，所以腾讯还不能高枕无忧。在内容分发渠道领域中，用户只会根据平台中提供的内容来进行选择，而每个用户的口味和喜好又各不相同。所以，要想建立一个壁垒非常难。

因此，对内容创业者来说，最根本的是要在内容中多下工夫。内容渠道可以从三大巨头中挑选，或者是多平台分发，这样更能保证内容的传播。

7.2 从单一市场到多元化渠道

最近这个时期，互联网巨头内容分发领域的战役已经开始了下半场，达到了非常火热的状态。2017 年，百度给内容创作者的分成已经累积到了 100 亿元。无论是个人还是公司团队类型的内容创作者都可以加入百家号当中，瓜分百亿左右的利润。在这当中我们要知道的是，天天快报拿出 2 亿元作为补贴，最后只要了 7.75%的分成。今日头条也拿出了 10 亿元的补贴表示要支持各位内容创作者创作出的原创短视频内容。阿里巴巴的 UC 头条也在这方面做着努力，推出了一个新的计划——赋能媒体。

我们在上一个小节提过，内容是现在互联网行业中汇聚和分发流量的最佳工具，而且也是实现变现的一种手段。所以才引起各方的激烈竞争，并且流量还是争夺的一个核心目的。实际上，现在的内容创作和分发在本质属性上与传统媒体没有太大的差别，现在的主要变现渠道还是局限在广告、电商、社群上面。这是对平台运营能力提出的新要求。

在经过一段较长时间的洗礼之后，中国互联网经历了不少，最终形成了现在这种 BAT 三分的局面。腾讯形成了人与人之间的桥梁；百度形成了人与信息之间的桥梁；阿里巴巴形成了人与商品之间的桥梁。移动互联网的浪潮来袭，碎片化的入口给内容分发提供了多种渠道。在这个发展过程中，内容分发产生了巨大的改变，主要体现以下 3 个方面，如图 7-3 所示。

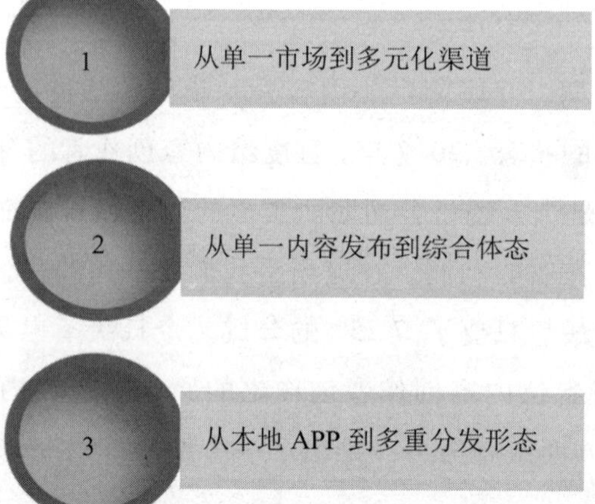

图 7-3 内容分发的 3 方面转变

本小节先来介绍第一个方面：从单一市场到多元化渠道。

对传统媒体来说，内容的分发可能仅限于纸质媒体和电视媒体，形式比较单一。不过那时互联网还没有在人们的生活中普及开来，人们对这种分发形式也比较习惯，并不觉得有什么不方便。但自从互联网逐渐在我国发展起来之后，一切都不一样了。一种新的分发媒体形式出现，并且在新的互联网媒体中还可以继续细分为各种渠道，开始走向多元化。

在互联网媒体的感染下，人们不再满足于传统媒体那种单一的形式，而是更倾向于多元化的渠道。这样多元化的渠道不仅为大众带来了便利，而且还为内容创业者提供了更多将自己内容传播出去的途径。

我们先从 APP 方面来讲，因为现在 APP 在分发市场中占有较高的地位。苹果手机于 2017 又推出了一款新的产品，可谓是赚足风头。而内容分发的转变又和苹果公司有着千丝万缕的联系。最初时，苹果用它们特有的 App Store 模式打破了运营商控制移动端的格局，将 iOS 应用生态把握在自己手中。之后又有Android系统出现，实力也不容小觑，由于该系统开放性比较强，第三方分发渠道又有了新的发展机会。这样一来，官方Play的市场却变得狭窄了不少。

现在的大趋势是免费。因此，从性质上来讲，APP的市场正在逐渐地弱化，并且多元化的分发渠道和形式在这一过程中发展了起来。大家不仅可以在应用市场中下载APP，还可以从浏览器、桌面助手等地方下载。还有与应用相关的各种工具，像点评、分享等。

那些"被安装应用"也是一个非常值得重视的大渠道。大家应该都买过手机或者为手机重新装过系统，在这之后手机里会出现一些根本无法卸载的应用，相信大家都有过这种类似的体验。这就是预装应用，而且预装应用的数量也不少，一般都是30个以上，也许有的还会更多。分发内容的APP应该抓住这个预装应用的好机会。

如今分发渠道正朝着多元化的方向发展，各家都在加足马力想要在这个市场上分得一杯羹，导致了现在水多闸门窄的状况。一些内容大咖都不会将自己的内容局限在一个渠道中，比如罗辑思维、微博、微信、优酷视频、APP都是施展才华的天地。还有同道大叔，更是将自己的橄榄枝伸到了更远的领域。

既然有这么便利的环境条件，就要好好地利用起来。这不仅是给内容创业者的建议，也是给内容分发从业者的建议。对内容创业者来说，将自己的内容通过多种渠道分发出去，可以获得更多的点击率和阅读量，内容的价值就会得到更好的体现。对内容分发者来说，可以有更多的流量入口，来获取更多的流量利益，进而带动广告等其他方面的利益来源。

内容创业者在分发自己的内容时，要把握好现在多元化的渠道，就算不在三个以上的渠道中分发，也要保证至少有两个渠道。分发最多的可能就是微信和微博，这也是关注人数最多的两个平台，在这两个渠道中比较容易吸引粉丝，以便获得更多的点击和阅读。

7.3 从单一内容发布到综合体系

现在的商界市场现状，对 O2O 等领域来说，获得融资变得越来越困难，而与此相比内容领域却传来一个接一个的捷报。papi 酱获得了罗辑思维与真格基金的联合投资，共计 1200 万元。后来这两家又联合起来为“胡辛東”投资 450 万元。还有今日头条单独为京东设立了一个入口，根据用户偏好向他们精准地推荐京东的商品，双方达成了完美的合作。

对内容分发来说最为重要的是移动互联网，碎片化是它最大的特点。在这个特点下，互联网可以在任何时候、任何地点满足用户的消费需求。移动互联网与互联网相比起来，最大的优势就是时间。互联网用户由于某些原因并不能时时刻刻都在线，而移动互联网不同，用户对在线与否可以切换自如。而且在这个离开手机浑身都不舒服的时代，大多数人会长时间在线，可以随时随地消费文字、视频等方面的内容。这个市场需求非常大。

除了在大众需求方面发生变化，整个环境也有变化，这些变化使得许多公司转变战略，开始寻找内容领域新的突破口。对此，互联网分析师唐欣说：“更重要的原因是，由 BAT 配给的线上流量越来越贵，而自带流量的内容却相对廉价。导致用户不再完全依赖通过 BAT 购买流量，转而去消费内容。对廉价流量的需求催生了内容生产市场，因此内容创业成为风口。与此同时，排在 BAT 身后的一批次级入口也看到了希望，纷纷起身争夺内容这种性价比更高的流量载体。”

现在各种各样的内容，比如情感类、星座类、萌宠类、科技类等都层出不穷，人们的口味又各不相同，所以就需要将这些纳入一个综合的体系之中。唐欣说："PC时代内容产业太小，曾经几大门户的价值加起来都不如BAT中的任意一家。如今，今日头条的市值已远远超过搜狐，利益驱动使得很多企业瞄向了内容。"由于利益的驱使瞄向内容本身没有什么问题，但是要保持冷静的头脑，不能盲目。下面将从内容分发的三大巨头说起。

阿里巴巴将自己的UC订阅号进行了全方位升级，打通了优酷账号等一系列内容。它的大娱乐产业已经成功地步入正轨。首先，阿里巴巴将以前的UGC体系重新改变。在它的UGC体系中，优酷和UC订阅号的地位最为突出。UC订阅号的主要业务就是文章、图片系列，优酷大家应该知道，最主要的就是视频。但是二者在内容分发上难免会出现交叉和竞争的情况。而且，土豆现在正向短视频方面转型。这就代表着阿里巴巴在分发渠道上的数量已经超过了三个，吹响了内容分发领域升级战的号角。现在的内容之战已经不像以前那样只涉及业务部门，而是公司与公司之间的对决。

关于百度，在本章的第一小节就讲过2017年它的主要战略就是内容分发，搜索本来就是内容分发的一个优势。在此，百度的PC端很值得称赞。但是在移动端方面，百度似乎没找到一个适当的时机，导致被今日头条抢占了先机。幸亏以CEO李彦宏为首的百度高层人员重视到了内容分发，对百度的某些方面进行改版，并积极地推出手机百度、百家号等，这些都是为了给内容分发创造更多的渠道。

腾讯方面在移动端方面实力似乎要差一些，但好在跟上了队伍。推出的新品——天天快报发展势头也非常猛烈。2017年更是拿出2亿元资金来鼓励原创内容。由此可见，腾讯非常重视内容分发这一领域。在该领域，腾讯还有一个超级秘密武器——微信公众号，这可是内容分发的一个大头。虽然现在微信公众号并没有很强的开放性，但是一旦开放，肯定会对现在的格局造成不小的冲击。

在这一方面还有一个不得不说的就是阿里巴巴“重启严肃阅读”。“重启严肃阅读”对UC来说是非常重要的一步棋。这步棋只要一走出去，内容分发平台的竞争就会更加激烈，这个举动也代表着阿里巴巴向内容的更深层次发力。表面看起来像是UC不满现在这个信息时代碎片化、低俗化、娱乐化、肤浅化的现状。现在的人们似乎在独立思考和用理性精神解决问题的能力上非常缺乏，没有营养的鸡汤和荤段子比比皆是。因此，阿里巴巴想要邀请一些名家，为人们的思想交锋创作一个合适的平台，在这个平台中只有严肃阅读，并在这个过程中传递一些有价值的思想观念和精神。

实际上，这是阿里巴巴的一种手段。打算借名家的名号来达到提升平台格调的效果，并将自己的招牌打出去。而且，其中的名家虽然有名，但并不都是微信或其他平台中的大咖账号。UC以前只是一个浏览器，但自从被阿里巴巴收购之后，就开始向大数据新媒体方向转变。成为阿里巴巴一个重要的内容入口，承载着阿里巴巴在内容方面的战略。

以前的内容分发似乎比较单一，然而最近几年，内容分发上的动作频发。越来越多的新战略、新形式开始出现，百度、阿里巴巴、腾讯三大巨头的种种改变就是内容分发向综合体系转变的一个最有力证据。

7.4 从本地APP到多重分发形态

就在不久之前，一些用垃圾内容骗取补贴的账号被曝光，在内容行业惊起了千层浪。今日头条首先对此做出回应，开始大面积调整创作者在流量和收入方面的分成。由此来看，传统的算法分发和流量补贴形式好像已经走向了一个转折点，像今日头条这种纯粹依靠算法出身的平台更是走入了某个怪圈，还好它们及时转变了方向，将目光投向了短视频和社交等其他可以有增量的领域。

从另一个方面来看，大多数的内容分发平台还是致力于扶持内容创作者。UC 的“大鱼计划”、百家号为内容创作者准备的 100 亿元分成、腾讯的 10 亿元分成等都是最好的验证。在内容创作风靡的当下，这些分发平台却仍旧不遗余力地加大对他们的补贴。也许其中有盲从的心态在作祟，也很有可能是别有用心。

我们都知道咖啡的销售分为几个阶段，有卖咖啡机的、有做速溶咖啡的、也有做到星巴克这么成功的。那么如果将内容的各个环节看作销售咖啡，那么用纯算法的模式进行分发就是速溶咖啡这个阶段，这是最简单的。通过将创作者的内容在平台上分发出去，并加上一些广告，让创作者获得相应的利益，是一条非常简单、清晰的产业链。但是要想往上发展，这就有些不够用。这时，平台必须向更深层次的环节迈进，创作、分发等各个环节都得再进行更大幅度的提升。

到头来，内容还是要分发，其始终是一个非常重要的环节，而且也是产业升级的关键环节。BAT 产品与那些单枪匹马的新闻客户端相比较，可以创造出更多价值。

像浏览器、支付宝等一些 BAT 的工具类产品，已经有了信息流的分发。内容创作者创作的内容可以分发在越来越多变的产品中，比如百度云、腾讯新闻、大鱼号、天天快报等。

在这里要强调，阿里巴巴并不是将自己的产品打通，而是打通那些收购来的产品，也就导致在数据关联性方面没有那么强。然而，腾讯和百度有所不同，它们是将自己的产品打通。所以，与阿里巴巴相比他们的能力比较强，尤其是腾讯，凭借着微信的账号登录系统，有着更强的追踪用户的能力。但不管是怎样的情况，大家都关注到了分发这一环节，并且不遗余力地想把内容向可以触达用户的每一个环节上分发。从这点来看，BAT要优于那些新闻客户端。

在移动互联网中，碎片化无处不在，现在就连内容形态都被打上了碎片化的烙印。一般意义上的 APP 指的是 Native APP。一些频率较高的需求，像微信、游戏等更适合原生 APP，一方面是已经习惯，另一方面是因为它们具有更高的调用权限，可以对手机系统的功能进行一些富有个性化的定制，并且还可以支持离线数据。

但原生 APP 也不是完美无缺的，问题也有不少，主要是很难被发现，维持高的活跃度更难。这样的情况使得内容不能被很好地检索，造成较高的开发成本。但是 APP 的数量还是很多，依旧在百万个之上。

在 APP 体系中“马太效应”非常明显。所有价值化的东西都奔向 APP，例如，流量、用户的使用时长等。

这样不就能说 Web 一点价值都没有，它依旧有价值。低成本的开发，开发一次之后就可以向多处移植，浏览器负责做适配，数据、应用等都交给云端，这是将来的一个大趋势。乔布斯曾经说过：“Web 是未来，虽然现阶段 Native 给了用户更好的体验，但如果现在的开发者不有效地利用 Web 技术就会落伍。可是如果过分依赖 Web，完全不用 Native 也未必就是好事。”

PC 端 APP 在时长方面的增长虽然比较慢。但在整体时长上的占比仍然在 20%左右。所以，在分发内容时不应该忽视 PC 端 APP。

还有一类比较重要的应用就是杂交 APP（由英文翻译得来），此种类型的 APP 一般都有搜索、自定义、账号体系、互动等功能。较有代表性的就是微信公众账号以及轻应用。要想成为一款杂交 APP，最重要的是自己本身必须是超级 APP，在用户数量足够多的情况下才可以考虑为其他平台分发内容。

内容分发的渠道越来越多元，内容的体系越来越综合，分发的形态也越来越多样，这些改变都需要内容创业者擦亮双眼。大家的当务之急就是紧紧地跟随内容分发变化的脚步，在适当的时候积极调整自己的内容分发策略。

7.5 【案例】UC 头条成后起之秀，建自媒体平台

UC 浏览器最早出现在大众视野中是在 2004 年，属于我国最早的移动互联网应用之一。

它的出现为中国用户带来了极大的便利。在云端压缩技术的支持下，UC 浏览器不仅在节省流量和加载时间方面为用户带来了利益，还使得不少用户获得了第一次手机上网的机会。UC 也因此名声大噪，奠定了它在中国手机浏览器界的“霸主”地位。

在 2016 年“全新 UC，与媒共舞”的战略升级发布会中，UC 的总裁何小鹏说了这样一段话：“UC 一直把握媒介演化规律，不断优化内容并获取体验。UC 的演变和功能已经成为几代中国网民的共同记忆。UC 升级也是内外条件成熟的产物。‘浏览器’已经不足以概括 UC 目前和未来从事

及发力所在。”可见 UC 的战略升级并不仅仅流于表面，而是一个大动作，要朝着“大数据新型媒体平台”迈进。着手于内容领域发力，与内容创作者建立更加紧密的联系，更好地为他们服务。

从 UC 推出一直到现在，不但一直保持着国内移动浏览器“霸主”的地位，而且还将各种各样的服务联系在一起，像小说、游戏、分发等。推出一系列的新平台，并取得了不小的成就，比如 PP 助手的综合月分发量已经达到了 18 亿次，浏览器季度用户的数量也超过了 6 亿名。

UC 进行战略升级之后，成为了一个内容创作者分发自己内容的平台，在这个平台上，大家可以找到与自己价值观相符的读者。UC 在这十多年的发展中，始终在摸索用户的需求和感受，从未停歇。这是他们源源不断地为读者提供优质内容的强有力保障。UC 有阿里巴巴这个大靠山，在大数据方面具有得天独厚的优势，这对内容创作者非常有利。

在内容分发的移动互联网领域，新闻客户端、微信还有微博一直比较有实力。在它们之间，新闻客户端在该行业中有着较为丰富的经验，毕竟它是从传统门户网站转型而来。但它也有弊病，它的推荐大多数都依据编辑的喜好来完成，这也就代表着编辑在很大程度上决定着读者的阅读。微信平台上的用户数量有很多，这也带动了微信公众号内容创业的流行，但是微信相对来说比较封闭，而且微信运用的增速一直不太理想，因此一些专家认为微信公众号的粉丝红利已经不在。微博现正慢慢地变成段子手发挥的平台，内容的价值性也渐渐流失，新闻魅力大减。

面对这样的情况，浏览器也抓住时机，纷纷进入移动分发这个现在萧条，但前景广阔的市场。实际上，对浏览器来说，进入内容分发领域是一件水到渠成的事，毕竟它们有用户和移动互联网入口等非常有利的资源。UC 浏览器就是一个非常典型的例子，在这种市场环境的驱使下，推出了

“UC 头条”，并且在内容分发市场已跻身于前三的行列，推送用户好感度以及日均阅读篇数都是整个行业的第二名，这样亮眼的成绩简直是后起之秀的最佳代表。

前面已经讲过，传统门户网站的推荐大多数都依据编辑的喜好来完成，移动互联网则不同，它的推荐具有精准化、个性化的特点，即按照用户的偏好来推荐内容，所以，每个用户在页面中看到的内容都不相同。在这种形势下，编辑在推荐方面的话语权大大降低，他们需要做的就是专心创作好内容。而内容分发平台的现状是谁为用户推荐的内容越精准，谁就能在行业中主沉浮。精准推荐的重点则是大数据，大数据有两个显著的特点：采样大、维度深。而摆在大多数平台面前的最大难题是“维度深”，似乎已成为他们难以跨越的一个“高门槛”。

以前的门户网站大多数都利用内容来吸引客户，获得的大部分都是用户浏览习惯的数据，导致数据的维度根本不够深。而对于那些没有经验，单纯为了在移动分发领域创业的平台来说，它们没有有关用户的一些数据基础，在内容分发时只有用户习惯这个依据。因此，在这种类型的分发平台中，可以获得高阅读量的内容大多数是一些没有太多营养的鸡汤或者语录。在越来越需要精准化推荐的时代，维度的深度是一个非常重要的竞争因素，只有在掌握了这个深度的基础上，才可以更好地掌握用户的需求，并为他们推荐更加满意的内容。UC 头条在这方面就做得非常不错。

大家都知道 UC 最初是一个知名的浏览器，有非常便利的条件可以获得用户在浏览器中的搜索数据，再加上阿里巴巴在用户兴趣爱好，甚至消费方面的数据。这样，它在数据的深度上就非常具有优势，就可以为用户推荐更加精准、个性化的内容。它还有一个不得不说得很厉害的技术——Online learning，这个技术与传统的离线计算方法有很大不同，它可以实现对用户兴趣的追踪。UC 就是利用这个技术，然后按照用户的兴趣来推荐内容。比如，即将结婚的用户会对婚庆、家装等内容感兴趣，UC 头条就对此进行实时追踪，向他们推荐目前最关注的内容。以前内容分发的主要竞争可能在于内容和资源推广，但是现在已经发展到了大数据方面。我们通过以下 3 个方面来看 UC 头条何以成为后起之秀，如图 7-4 所示。

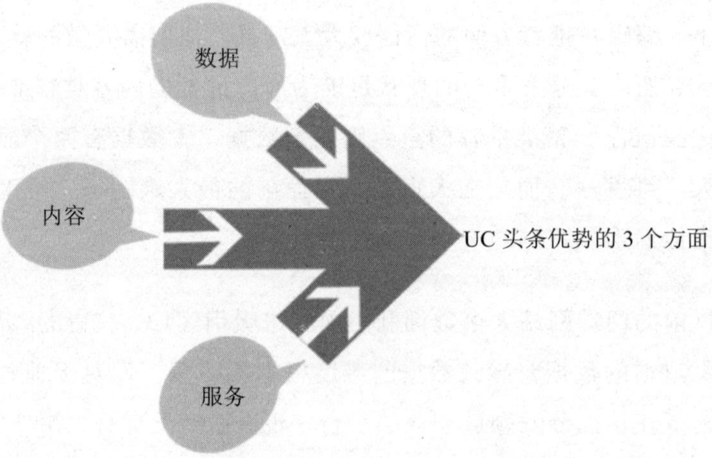

图 7-4　UC 头条优势的 3 个方面

（1）数据

本节一直在强调，掌握的数据维度越深，就越能精准地掌握用户的兴趣点，推荐的内容就越能得到用户的喜爱，这是未来内容分发中最重要的一个竞争点。UC 头条在阿里巴巴这个靠山的帮助下，这方面做得非常不错。

（2）内容

独家并且优质的内容在内容行业是雷打不动的主要竞争力，当然在内容分发平台中也同样如此。现在各大内容分发平台都试图争夺一些能够生产优质内容的个人或团队。传统的门户网站在原创内容方面加大马力，微信公众号也形成了一个自己的内容小天地，UC 也顺势推出了自媒体平台——UC 头条。自媒体行业中出现了越来越多的分发平台，下一步就是内容的精准化阅读。

在发展优质内容方面，UC 头条并没有闲着，推出了“U 客漫站”“UC 图新鲜”等自运营项目。其中不乏一些极富特色的内容，对 UC 头条内容的质量和深度都有一个很大的提高，更加凸显了 UC 头条在流量上的优势。

（3）服务

服务讲究的是个性化，最大的原则有两个，一是给用户推送他们喜爱的内容，二是简化操作步骤，不要让他们觉得费劲。

第一个原则是平台本身的基础，不会有太大的改变，而第二个原则各家的起点都一样，所以在这方面的竞争比较激烈。今日头条对平台进行多次调整，微信也在积极修订公众号的各项规则。UC 头条对平台的版式也做了多次调整，用户可以更便捷地获取到有效信息。我们打开 UC 头条就能看到，首页中一些传统的站点导航已经被折叠，现在更多的是以信息流的形式将版面呈现出来。每次刷新都可以获取新的个性化信息。

以上三点在内容分发中最为重要，也是 UC 头条在内容分发领域可以发展的风生水起，成为后起之秀的重要原因，希望该案例可以为各位内容创业者提供一些思路，引起大家新的思考。

8

社交分发：把一部分内容更好地分发出去

在现在这个网络发达的时代，社交变得越来越容易，也越来越重要。QQ、微信、Facebook 等社交工具层出不穷，这为内容创业者提供了更多的内容分发和传播平台。我们在上一章中介绍过现在的内容分发三巨头——百度、阿里巴巴、腾讯。那么本章就挑选出一些具有代表性的社交分发平台——QQ 空间、微信公众号、百度贴吧，通过这三个社交分发平台为内容创业者做社交分发方面的分析，指导他们选择一个合适的社交分发平台把自己的内容更好地分发出去。

8.1 QQ空间分发平台

对于现在的年轻人群来说，QQ空间一定不是一个陌生的社交分发平台。它创立于1999年，主打“娱乐至上”，定位于年轻人群。可以用一组数据来证明：在QQ空间的所有用户当中，15～35岁年轻群体的比例超过了70%，总的人数已经达到4.5亿人。但是随着分发平台越来越多，QQ空间也面临着越来越大的挑战。在这种情况下，QQ空间开始专注于分发短视频内容，超过10亿次的平均日播放量为它的发展注入了一剂强心针，QQ空间是否可以借此机会实现涅槃是一件必须得到重视的事情。

QQ空间定位于年轻人群，他们身上普遍存在的一个问题是精神压力比较大，需要适当的娱乐来释放这种压力，这就体现出了QQ空间具有非常大的娱乐价值。这些年轻人用户基本上是随着网络成长起来的，他们的使用习惯是“简便”“轻巧”。从以上方面来看，做短视频内容分发对QQ空间来说非常合适。另外，由于QQ空间定位于年轻人群，因此分发游戏、美妆、动漫、明星等年轻人感兴趣的内容更合适不过了。2016年，在腾讯全球开发者大会中，QQ空间团队提到专门制作短视频的年轻团队“无节操学院”，他们的平均年龄只有23岁，制作的短视频有创意、有个性，在QQ空间中的点击数已经超过了6亿次。在这个案例中我们似乎可以看到QQ空间在短视频分发上的成功。

目前有数据显示：QQ空间在社交平台中位列全球第五，中国第一，紧随其后的是新浪微博。对于像它们这样的平台来说，面临着一个非常严峻的问题就是内容变水，而QQ空间是其中问题最大的一个。越做越大的UGC都非常怕自己的内容变水。内容一旦变水，随之而来的就是讨论氛围越来越差以及最初用户的流失，也就失去了做网站的初衷。新浪微博的初衷到底是媒体还是社交，也许它自己都不是那么清楚，但不管怎样，在面对内容变水的情况时一定会恐慌。而腾讯却不在意QQ空间的内容变水，也不在意会变水到怎样的程度，因为由此带来的高流量、上传图片的高数量、视频的高点击量确实能为它带来完美的运营数据和高收益。

一次在随意浏览QQ空间时，笔者看到了以下几条内容更新。

《推荐一些值得购买的化妆品店铺》

《学生党必须知道的知识点》

《大学生考公务之前要知道的几个学习网站》

《专门为不开心的你准备的笑料，包你捧腹大笑》

《这几句话，女人看了流泪，男人看了沉默》

这样的内容在QQ空间首页并不在少数，甚至可以用泛滥来形容。最多的是一些常识、星座文、化妆技术、心灵鸡汤、恋爱金句等，内容的质量实在堪忧。有一部分人认为 QQ 空间就是“内容大海”，内容不少，但有用的不多。当然，还是有一些人认为自己用着挺好，发日志、写评论一切照常。记得QQ空间曾经有段时间经常被某种同样的内容占据，这时我就想也许QQ空间真的出现了问题。对于产生内容问题的原因，笔者认为可以从以下3个方面来看，如图8-1所示。

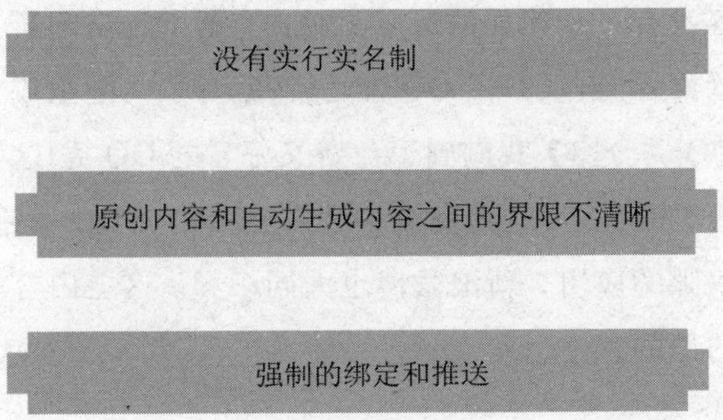

图 8-1　QQ 空间产生内容问题的 3 个原因

（1）没有实行实名制

Facebook 在注册账号时倡导实名制，它的绝大多数用户也都使用的实姓名。而 QQ 空间是 QQ 的附加服务，QQ 本身也不是实名制的，因此 QQ 空间从建立之初就已经造成了不能强制实名的事实。

在 QQ 空间中好友和营销账号之间不存在界限，导致了这些营销号更加猖狂，不管是什么样的内容都能分发出来。如果 QQ 空间实名制，可以方便地看到内容发布者的信息，估计他肯定不会分发一些愤世嫉俗、毫无意义的内容。

腾讯也曾经尝试过实名制网站——朋友网，不过为了朋友网能更好地推广，腾讯减少了从 QQ 空间转发内容到朋友网的限制，这一举措使朋友网充斥着许多从 QQ 空间转发来的内容，实名制的网站情况也令人担忧。

（2）原创内容和自动生成内容之间的界限不清晰

在 QQ 空间中，除了内容可以被转发和同步，说说和 QQ 签名也可以互相同步，这也是笔者经常使用的 QQ 功能。但不好的地方是自动生成的内容与原创内容没有一个明显的分隔界限，有时 QQ 空间还会替用户自动生成并发表一些内容。自从有了 QQ 秀之后，就有了一键生成日志的功能，比如，“【免费 QQ 秀分享】我淘到了免费又好看的 QQ 秀!这是我辛苦淘到的 QQ 秀哦，还不错吧？QQ 秀商城中还有更多免费 QQ 秀哦”。还有就是一些得到分享权限的应用，新浪微博也大同小异。这些内容就好像是用户自己创作出来的似的。

QQ 空间中的内容可以大致分成三种类型：

用户自己创作的日志、说说等内容

腾讯官方生成和推送的某些内容

第三方应用生成和推送的某些内容

造成空间内容杂乱的主要原因是“转载”功能，它和“分享”不一样，“转载”后的内容会出现在你的 QQ 空间中，而且除了带有“转”字，其他的与自己的原创内容没有差别。我有一个 QQ 好友，隔三差五就会“转载”一些文章。而这些文章根本就毫无营养、没有意义，只会使那些真正有用的内容石沉大海。在 QQ 空间降低了发布和转载内容的门槛以后，一部分本来不需要转载的文章也会被好友随手转载，导致 QQ 空间的内容质量和流动性受到了很大的影响。

（3）强制的绑定和推送

通常情况下，QQ 上的好友也就是 QQ 空间中的好友。无论是消息页面还是 QQ 空间，其中都会出现一些强制的绑定和推送，而且还会有未读提示，如果不点开的话，对“强迫症患者”来说简直就是折磨。当然，你可以选择取消关注，但如果订阅号突然发一篇你非常感兴趣的原创内容，还附带几张作者的个人照片，那你还会取消关注吗？特别是在对方是你非常喜欢的内容创作者的情况下，就更加不会取消了。

根据以上三点，内容创作者在QQ空间分发内容可能获得多大利益呢？

如果大多数的QQ空间用户和我那个QQ好友一样的话，内容转化率应该会比较低。她关注的订阅号推送的基本上都是一些产品链接内容，但她根本就没注意到，在内容中出现其他平台的互链时，她会快速地扫过去，不会去点。

但也不能排除此次推送的恰好是她不感兴趣的内容这一可能性。她现在可能买不起太贵的化妆品和衣服，不过从她的动态来看，最近似乎有减肥和旅行的打算。要是内容中有关于这两件事情的广告，笔者认为她一定会非常感兴趣，也会果断地转载。

所以，虽然我的这位好友也许会回避广告，但她的一次转载，没准就会为内容创业者带来粉丝。当QQ用户成为一些内容创业者的义务传播员时，对内容创业者来说是再好不过的事情。

笔者认为，让QQ空间变成一个"内容海洋"，对于QQ用户来说也许不是一件好事，但是对腾讯和内容创业者来说却是有好处的。因为腾讯的QQ空间符合了广大内容创业者的赢利预期，腾讯推出了Q币和QQ钱包用于支付，在这方面的分成要比新浪微博更多。那么对于内容创业者来说，QQ空间的优势究竟体现在什么方面呢？主要有以下4点，如图8-2所示。

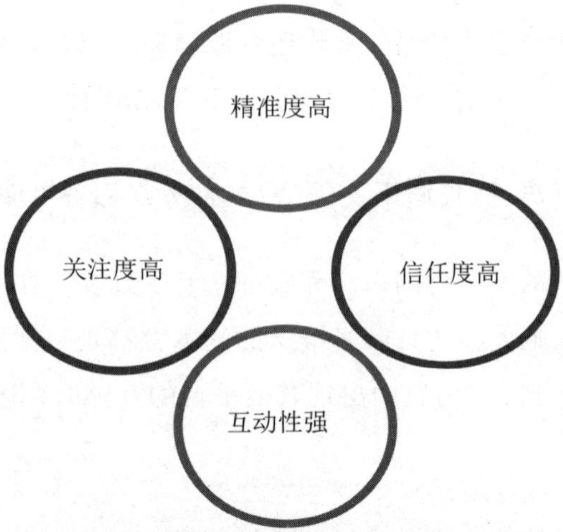

图 8-2　QQ 空间优势的 4 个方面

（1）精准度高

QQ 空间中的全部内容所面对的对象是 QQ 用户中的所有好友，在这些好友当中，有许多人都可以成为内容创业者的粉丝或是潜在粉丝，精准度比较高。

（2）关注度高

QQ 空间关注度高这是一个毋庸置疑的事实。浏览 QQ 空间里的好友动态可以说是大多数网友每天都会做的事情，闲下来时，大家也会点开 QQ 空间看一些内容来缓解无聊。所以，内容创业者在空间中推送自己的内容并受到网友的关注并不是一件难事。

（3）互动性强

QQ 空间具有比较强的互动性。在 QQ 空间中，大家可以随意转发、评论、分享一些自己喜欢的内容，如果内容创业者推送的是高质量的优秀内容，那么就会被广大的QQ用户转载到自己的空间，这样一来，内容创业者的内容就可以得到更加广泛的传播。

（4）信任度高

在QQ空间和好友相互分享自己喜欢的内容，可以增加双方的感情，提高彼此的信任程度。有了相互的信任，内容创业者在传播自己的内容时会减少很多的阻力。

所以，QQ空间对于内容创业者来说也算是一个比较不错的内容分发平台，在选择平台时，可以根据QQ空间的四个优势来判断自己的内容是否适合在此平台中分发。

8.2　微信公众号分发平台

从目前的情况来看，微信公众号似乎比较杂乱。别的内容创业者都在做，自己不做的话会心有不甘，当真正要做时就要面对吸粉越来越难、成本越来越高等问题。一些微信公众号为了达到某个指标，甚至会掏钱去购买阅读量、粉丝数、点赞量，然而最后的结果却是只提高了数量，并没有其他方面的实际价值，这就使得有不少的微信公众号其实根本没有什么实际的意义。

对于内容创业者而言，有非常多的内容分发平台摆在他们面前，例如，今日头条、百家号、搜狐、一点资讯、微博等。微信公众号不是他们分发内容的唯一途径，那么内容创业者到底要不要做公众号为其分发内容呢？

在解决这个问题之前，我们首先来了解微信公众号与一些其他的内容分发平台之间有何异同。第一点，微信公众号和其他的内容分发平台一样，都属于媒体，在运营方面都是先提供内容，然后再进行推广获取关注。由此来看的话，微信公众号与其他的内容分发平台没有差别，可做可不做；第二点，微信公众号有其自带的社交属性，并且微信、朋友圈可以为其提供充足流量，还有微信的交流以及分享功能也是其他内容分发平台所不能匹敌的。从这方面来看，微信公众号在内容分发和传播方面的实力非常强大。综合以上两点来看，微信公众号既有媒体属性，又有社交属性，所以可以作为内容创业者分发内容的首选平台，而且“罗辑思维”“同道大叔”这些知名内容媒体都有自己的微信公众号。现在笔者就可以为大家回答上面的问题——微信公众号应该做。

既然微信公众号应该做，那么到底应该怎么做？做之前又需要解决什么问题呢？接下来，笔者从以下几个方面来为大家进行说明，如图 8-3 所示。

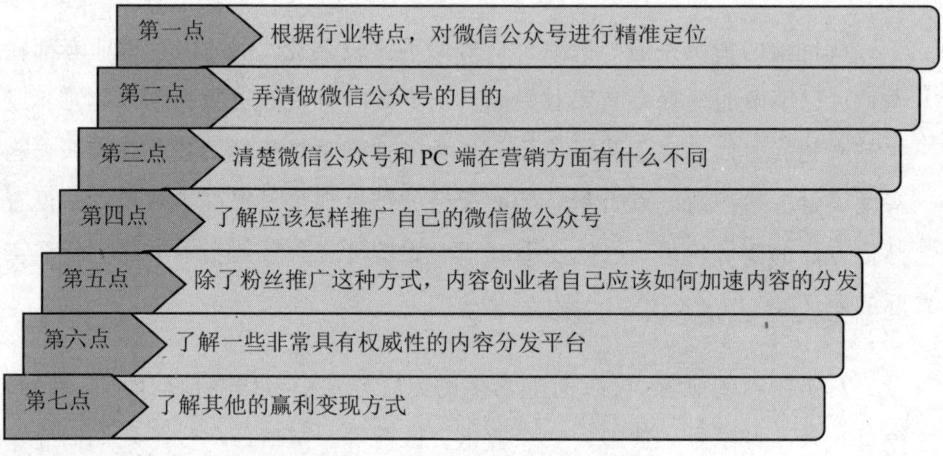

图 8-3　做微信公众号的要点

（1）根据行业特点，对微信公众号进行精准定位

这一点在本书的第 2 章和第 3 章都有详细的介绍，在这里就不再做过多的赘述。如果自己做什么都不清楚，要想成功当然是奢望。

（2）弄清做微信公众号的目的

最实际也是最根本的目的当然是变现、赚钱。内容创业者在做微信公众号时可以通过内容和服务实现变现，也可以通过流量和粉丝实现变现。

（3）清楚微信公众号和 PC 端在营销方面有什么不同

微信公众号就像一个实体店铺，地理位置不变，通过不断的积累，到店的消费者会越来越多，因此店家必须重视店铺的环境和产品的质量，只有这样才可以为自己的生意带来更多的回头客。做微信公众号时，运营方面的工夫要下在创立之前，不可以等到有粉丝之后才着手规划和运营自己的微信公众号，那样会导致大量的粉丝流失。

而 PC 端就好像摆地摊一样，位置不固定，一直在变。卖家不用把自己的地摊弄得有多漂亮，也不用考虑产品的品质，大部分都是一次性成交。不过这也不是必然的，只要卖家有实力，做成连锁又有什么不可能呢？

（4）了解应该怎样推广自己的微信公众号

成功申请到微信公众号之后，就要在垂直领域中为粉丝展现更多的自身优势。即使你的粉丝数量非常少，也必须要拿出百分之两百的精力，利用微信公众号将自己可以为粉丝带去的价值传播给每一个粉丝。

在微信公众号上推送内容一定不能三天打鱼两天晒网，这样会给读者一种你根本不在乎这个公众号的感觉。还有就是要创作高质量的内容，这

点已经提到过很多次，不再赘述，内容好，粉丝自己就会主动转发你的内容，达到推广的效果。实际上，一个微信公众号的粉丝多少不由推广力度的大小来决定，更多的是由内容创作者的实力和内容的质量来决定！

（5）除了粉丝推广这种方式，内容创业者自己应该如何加速内容的分发

对百家号、今日头条等内容分发平台来说，他们和微信公众号一样都有自己流量。内容创业者可以把自己的内容推送到其他合适的内容分发平台上，然后在内容的结尾处留下微信公众号的 ID、二维码等信息，把其他内容分发平台中的某些读者吸引到自己的公众号平台中，加快内容创业者利用内容进行价值引流的速度。

内容分发平台不仅可以把自己的流量引到微信公众号上，而且大部分内容分发平台在百度检索中有很高的权重值，这就说明在高权重值的内容分发平台中分发自己的内容可以在百度搜索中获得相对靠前一点的位置，这样一来，微信公众号就可以非常容易地得到百度搜索平台中的流量。从百度搜索平台中吸引来的微信公众号粉丝，在精准度上非常高！

（6）了解一些非常具有权威性的内容分发平台

今日头条、新浪微博、百度搜索、知乎、简书、博客、豆瓣、天涯、搜狐自媒体，还有前面提到的百家号、头条号等都是一些非常靠谱的分发平台。

（7）了解其他的赢利变现方式

销售商品获得利益、为产品商家做广告获得利益、发展电商等，在下面的第三篇有对赢利变现方式的详细介绍。

微信公众号发展到今天已经有了足够的用户基础，对内容创业者而言，利用微信公众号分发内容所面对的环境既是最有利的，也是最无利的。大家需要做的就是以不变应万变，提高内容的价值，使其达到最大化。最后，微信公众号会给各位一个满意的答复。

8.3 百度贴吧分发平台

随着移动网络的不断发展，不同年代人群的代际差别越来越明显，出现一个可以满足不同年代群体需求的社交平台绝对不是一件容易的事情。不过，百度贴吧似乎就是其中一个少有的例子。百度贴吧在 2003 年年初成立，到 2017 年已经走过了 14 个年头。它是一个利用兴趣将人们集合起来的社交平台。该平台的一个显著特性是“年轻活力强互动”，这也是它可以一直保持旺盛活力的秘诀。百度贴吧不仅聚集了各个不同年代的用户，而且可以让他们都能在平台中充分地释放自己的天性和活力。

百度贴吧是全球最大的中文社交平台，在成立的这 14 年之中已经有超过 10 亿人的用户在平台中注册，主题吧的数量已经超过了 1800 万个，活跃的用户已经超过了 3.8 亿名。14 年之中，利用兴趣关键词吸引来了大量的移动端和 PC 端用户，其中以“80 后”“90 后”的年轻用户为核心。

在 2003 年成立时，“80 后”是当时最主要的社交平台用户，因此“80后”就成了百度贴吧的主力军。他们不断为各种不同类型的主题吧提供大量的原创优质内容，也一直为百度贴吧注入活力、新鲜感。在 2011 年，百度贴吧实现了向移动端的成功转型，此举为百度贴吧吸引来了更加年轻的“90 后”“00 后”用户。现在，百度贴吧中的内容有 80%来源于移动端，60%以上都是“90 后”“00 后”这些年轻的用户，如图 8-4 所示。

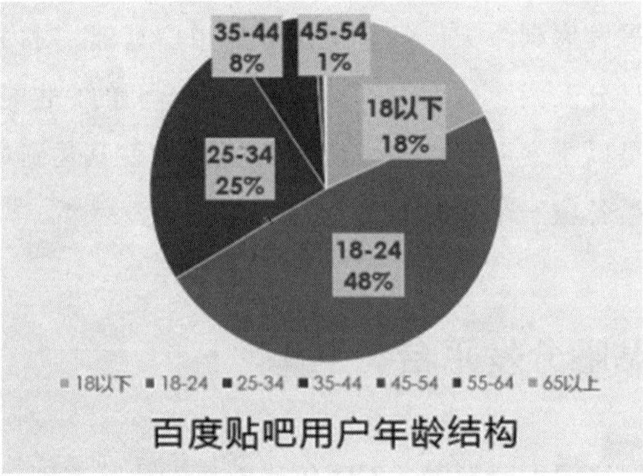

图 8-4 百度贴吧用户年龄结构

百度贴吧的产品经理曾经说过："贴吧基于搜索，通过搜索直接进入散状分发结构，任何一个人的兴趣，哪怕再小众，都有可能建立一个自己的组织，聚合一帮兴趣相同的人。这种架构，给那些平时很难露面的小众人群提供了舞台，真正尊重了每个人的兴趣个性。在这里，每一个个体都是主角。"百度贴吧就是用这样的精准兴趣搜索吸引了众多粉丝用户。

互联网的用户年代在不断变化，百度贴吧的用户也随之发生变化，不过，对年轻用户的吸引力一直都存在。各个年代的年轻用户都可以在平台中找到和自己兴趣相投的组织，获得强烈的归属感，使得百度贴吧在 14 年之中一直保持着十分充足的活力，成为年轻用户走过青春的最佳证明。

百度贴吧在发展的过程中也在不断地开发，"贴吧企业平台"就是其中一个。该平台把企业、媒体、团队、个人等小伙伴聚集起来建立了一个官方贴吧，而且可以提供服务、运营等方面的帮助，平台中的企业数量已经超过千家。百度贴吧这一变化使很多用户都开始振奋起来。这也从一方面表明，内容创业者可以建立一个属于自己的贴吧社群，形成自己和粉丝、粉丝和粉丝、粉丝和广告商之间的互动，进而发展社群经济，也可以将自己的内容分发给更加精准的粉丝，将其打造成一个有高转化率的内容分发平台。

百度贴吧奉行“内容来源于用户”的宗旨，将自己的用户变成内容的创作者，打破了网络用户被动互动的状态，将用户变成主动者。与各大论坛、天涯等社区平台共同掀起了一场不小的风暴，在过去了这么长时间之后，我们以前非常熟悉的猫扑、博客、西祠等著名论坛似乎都不再那么景气，但百度贴吧仍然维持着比较不错的状态。究其根本原因还是在于“粉丝经济”。百度贴吧对各种不同类型的主题进行分类，每个主题吧都有非常多的粉支持并且正渐渐地成为主人，不断地进行原创内容创作以及沟通互动，以主人的身份为大家打造一个温馨的家园。而博客、天涯等社交平台只是作为信息传播者和舆论引导者的身份出现，缺乏用户之间的凝聚力和黏性。因此，笔者认为百度贴吧在以后的很长一段时间内，也许会受到其他新平台的冲击，但绝对不会轻易地消失在大众的视线中。

2016 年 5 月，百度贴吧又出现了新动作，在发布会中正式推出了“贴吧娱乐频道”，该频道上线之后，将贴吧中的娱乐内容集合在一起，预计每天的内容浏览流量可以超过 28 亿次。而且会中还表示要用这些流量来支持一些娱乐大 V 的内容创作，提高百度贴吧中娱乐大 V 的名气和影响力，为各位娱乐内容创业者打造一个独具个性的娱乐环境。

在发布会中，百度贴吧宣布要尽力扶植娱乐大 V 的内容创作，并推出了一系列具体的计划。时代的碎片化使用户带来的流量四处分散，也使得娱乐内容大 V 们无法被精准地聚集起来，对此百度贴吧还在会中推出了“娱乐频道页”，将高质量的娱乐内容集合在该平台中，并且依靠大数据的支持将他们的内容精准地推荐给特定的读者用户。贴吧娱乐的负责人在会中还说：“只要内容够好，百度贴吧就会在贴吧平台给足娱乐大 V 流量，提供更多的合作机会与想象空间。”

大家应该知道，娱乐大 V 在娱乐内容领域中扮演着非常重要的角色，占据了相当重要的位置。但现在的真实情况是，大部分娱乐大 V 都有缺乏流量方面的问题。例如，微信公众号比较闭塞的环境、内容平台用户数量不多等，都会阻碍流量的增多和粉丝数量的增长。

为了改善这种情况，贴吧娱乐的大 V 扶植计划应运而生。将百度平台中产生的流量尽量引到内容创业身上。根据会中的介绍来看，“百度贴吧”通过分发娱乐类的内容，然后将其辐射到百度文库、浏览器等平台之中。在这个过程中预计可以产生 28 亿左右的流量，并且把娱乐大 V 创作出来的内容尽可能多的曝光，提高变现能力和自身影响力。

现在，为百度贴吧贡献高质量内容的用户已经超过了 500 位。其中包括一些非常知名的娱乐内容大号，例如，八只娱记、关爱八卦成长协会等，还有许多专业的影视评论者。百度贴吧将和这些娱乐大 V 进行合作，共同创新娱乐粉丝经济的玩法，还会进行持续的探索。争取打造出一种惊奇、有新意的娱乐化营销。另外，在丰富的娱乐资源加持下，百度贴吧未来会将目光延伸到影视方面，实现双方之间更加深入的合作。

作为中国最大的网络娱乐平台之一，百度贴吧给娱乐内容创业者带来了非常大的商业机会。并且将会在娱乐内容领域不断探索新模式，为娱乐内容创业者打造出一个更加专业的娱乐内容分发平台，为他们带来更大的赢利，达到大众“娱乐”的目标。

通过上述对百度贴吧的分析，我们可以知道，娱乐类的内容用百度贴吧进行分发最有优势，还有那些将粉丝定位于年轻群体的内容创业者在该平台中分发内容也比较合适。而其他类型的内容则可以不考虑在该平台中分发，去选择一个更有优势的平台去分发自己的内容。

8.4 【案例】360 手机助手 3.0“身边版”，首创“社交分发”模式

2014 年对 360 来说是不寻常的，就在这一年 360 手机助手对 3.0“身边版”进行了内测，此举可谓是打开了“社交分发”的新模式。3.0“身边版”主打“轻社交+LBS”的理念，这是 360 手机助手为了提高用户的增长速度而采取的措施。360 公司的一个产品经理说过：“应用商店增速放缓是因终端生产厂商应用商店的兴起以及传统应用商店分发模式存在的问题。而 360 手机助手对用户行为进行分析，发现用户使用搜索的比例比较高。”360 手机助手想要突破传统的分发模式，由此着手，再加上独特的设计理念，360 手机助手 3.0“身边版”应运而生，用户可以通过更多样的方式去寻找和发现应用。

360 手机助手 3.0“身边版”出现了许多对用户有利的新功能，最具有代表性的就是以下 3 个，如图 8-5 所示。

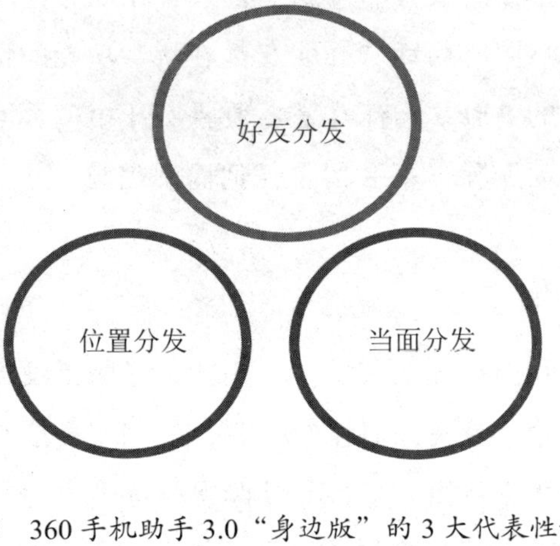

图 8-5　360 手机助手 3.0“身边版”的 3 大代表性新功能

（1）位置分发

通过这个功能，用户可以看到自己附近的人都在使用哪些 APP。360 手机助手的产品经理对此进行了说明，他表示，增加这个新功能的初衷其实非常简单，比如我们到了一个自己从来没有接触过的新环境，肯定对很多东西都不熟悉，新同学都用什么 APP 购物，又用什么 APP 定外卖，下载了哪个游戏 APP，而 360 手机助手 3.0“身边版”就可以清楚地查看到新环境附近的人都用什么 APP。这样的场景例子还有许多，例如，公交上、饭店里、酒吧中等，实际上，这个功能背后隐藏的是一种新的社交方式。

（2）好友分发

通过这个功能，用户可以查看自己的好友都在使用什么 APP。只要用户与好友都认证并开启了 360 手机助手，就能查看通讯录好友在自己手机中下载的 APP，如果你没有安装他手机的某个 APP，那么就会在页面中优先显示，非常适合去寻找好友手机中安装的那些好玩的 APP。在这方面很多人会害怕出现隐私问题，大家不必担心，360 方面已经表示，3.0“身边版”在保护用户隐私方面做得非常到位，只有在双方同时都是对方手机中的通讯录好友，并且同时启动“好朋友都在玩”功能的情况下，用户才可以看到好友手机中的 APP。还有就是必须要点开相关页面以后才可以查看，退出页面后就会自动删除，不会留下任何隐私信息。

（3）当面分发

这个功能其实和面对面快传一样。例如，好些年没见的朋友在一起聚会时，难免会拍照片、录视频留作纪念，有的朋友可能喜欢这个视频、那个图片，这时大家就会互相分享，不过像视频这么大的文件可怎么传呢？别急，“面对面快传”就可以帮助你，只要是手机里的东西，无论是 APP、视频、音乐、图片、文档等都可以和自己好友互相传输，这就好比在两部或两部以上的手机间建了一个局域网，只不过比较小，不用流量也无需Wi-Fi就可以实现文件的传输。

除此之外，在360手机助手3.0“身边版”中，受到广大用户青睐的“免费Wi-Fi”功能仍然可以使用，我国总共有大约3600万个安全Wi-Fi，所有的都可以免费使用。还有UI界面也发生了改变，产品经理在介绍时表明：360手机助手3.0“身边版”选择马尔代夫蓝为UI界面的主色调。之前也尝试过其他的颜色，但效果总是不尽如人意，最后考虑到了马尔代夫蓝，这个颜色非常漂亮。为了得到真正的马尔代夫蓝，公司的员工拜访了许多画家、设计师才得到了现在这个完美的颜色。

现在，360手机助手可以说是一个拥有最多APP资源的分发平台，它的用户已经超过了5亿人。而此次创新社交属性和量级资源，使其相互碰撞，对360公司来说无疑是一次新的尝试。

3.0“身边版”，这个名字听起来也许比较矫情，不过，一旦用过后就会发现真的非常好用。如果上面的三点是360手机助手3.0“身边版”中的干货，那么接下来应该就可以说是它的悬念了。

悬念1：个性化移动分发能否成为主流

我们随意打开一款和360手机助手相类似的应用分发平台，所有人可以看到的应用几乎都一模一样，但是，每个人偏好、兴趣又天差地别。大多数智能手机的用户都会面临下面这样的问题：常用的几款APP都已经安装在手机上了，但还总会有缺点什么的感觉。不知道自己的好友正在用哪些APP，感觉自己总是比别人慢半拍。

对像 360 手机助手这样的移动应用分发平台来说，首页的大小固定，可以提供的位置也固定，即使是将移动应用下发到分类栏目当中，也还是不能把足够数量的应用展示在首页。这样一来，就会有非常多的优秀 APP 应用被淹没在分发平台这个数据海洋之中，用户根本没有办法看到它们，更不要说是安装。3.0“身边版”具有的“社交分发”属性让 360 手机助手不再是一个单纯的 APP 分发平台，而是具有了自己的个性化。不再像以前那样千篇一律，而是不同的用户可以看到不同的“应用推荐”。现在，只有 360 手机助手具有个性化分发的功能，至于将来是否会出现其他对手，这还是个未知数。

悬念 2：360 玩“社交分发”抢滩登陆还是另辟蹊径

最近几年，安卓平台中出现了越来越多不同类型的 APP，而 APP 分发平台可以展示的位置非常有限。这样一来，就可能会导致 APP 本身很好，但在分发平台中用户根本看不到，使得 APP 情况惨淡，安装数量少得可怜。APP 要占据分发平台中的推荐位置是一件非常不容易的事，所以，3.0“身边版”对移动应用做个性化分发就有可能使那些好的应用可以被更多的用户看到并安装。

2014 年，360 手机助手 3.0“身边版”依靠其新增的强大功能在 APP 分发市场中牢牢地占据第一名的位置，似乎已成为定局。根据权威机构发布的报告，360 手机助手在市场份额方面排名第一，并且在分发量上比位列第二的百度系平台高出了一大截。

一些移动网络观察员认为，把社交与移动应用分发平台结合起来，这就好比在一个分发平台上有了很多个分发节点，而且这些分发节点还都具有个性化，使得分发平台的价值有了很大幅度的提升，在用户方面的价值也成倍的提升。以前的 APP 分发平台都是采用粗放型模式，而 360 手机助手 3.0“身边版”的出现使得以前的模式开始向个性精准型的模式转变，也为其他的移动应用分发平台提供了发展的新思路。

360 手机助手 3.0“身边版”首创的“社交分发”模式，想尝试着通过人和人之间存在的某种社交关系将大家联系起来，来增加 360 手机助手用户之间的黏性，刺激他们使用移动应用的需求。而对于移动应用分发平台而言，在分发应用方面也拥有了更高的效率。360 公司也许并不在意是否社交，对它们来说这没有那么不重要，但它们看重的是，在社交属性基础上所提高的用户使用黏性，这是 360 公司最拿手也能够做好的领域。

9

智能分发：由机器匹配人与信息，推荐给感兴趣的人

以前内容分发平台做的是比较表面的工作，只要用户在平台上线，海量的内容就齐刷刷地扑面而来，什么类型、什么主题的都有，用户想要找到喜欢、需要的内容就得自己去搜索，比较麻烦。但自从有了智能分发，这些问题就解决了，它可以通过数据、技术设备等分析出用户的喜好和需求，然后再根据分析结果为用户提供精准的内容。现在，每个内容分发平台都在极力追求并不断完善智能分发，这是一个非常重要的竞争力。本章就是对智能分发的重要方面进行详细介绍。

9.1　智能推送：稳、准、狠

现在智能推送几乎渗透到每一个与互联网有关的领域，笔者最初知道智能推送是在网购时。商家为了能将自家的商品让更多的顾客购买，会根据顾客之前买过的东西来推荐他们店铺中相似的商品，在页面中还会有“猜你喜欢”这样的版块，使得消费者冲动消费的概率大大增加，这就是电商的智能推送。

现在，技术越来越发达，计算机技术使得算法也变得越来越智能化，智能推送在这个科技时代变得愈加重要。从现在当红的音乐应用网易云，到坐拥大量粉丝用户的今日头条，都是智能推送的优秀范例。他们的许多用户都对智能推送的内容非常喜欢，无论是歌曲还是内容都是通过对用户喜好的智能分析推送出来的，这样的推送有 3 个非常明显的特点，如图 9-1 所示，这也是为什么用户会喜欢用这样的手段推送出来的内容。

图 9-1　智能推送的特点

以微信头条为例来了解本节的重点——智能推送。微信头条在公众号的强力支持下，比如一些资讯、新闻类的素材，来实现内容的智能推送。

推送的都是基于用户兴趣筛选出来的高质量内容。这样一来，智能推送比传统平台更加具有优势，其中，最大的优势就是可以使微信头条中优质的原创内容被更多对内容感兴趣的人阅读。那么微信头条的智能推送是如何实现的呢？主要有以下两点：

1. 依托微信大数据整合，具有搜索基因的内容推荐平台

微信头条与传统平台有非常大的区别，它的内容来自大量的微信公众号，其中有许多非常优秀的原创作者创作出来的内容，这就保证了微信头条为用户推送的都是一些高精尖的优质内容。因为微信头条有微信这个大靠山，所以，与传统平台相比，推送的内容质量更高、数量也更多，这是一些同类平台都不具备的优势。

另外，微信头条还有腾讯在技术和运营方面的支持，并且腾讯拥有的一些独家合作资源也是微信头条强有力的保障。再加上搜狗搜索在技术与产品方面的投入，使得微信头条可以为所有的用户提供更贴心、更优质的服务。总之，微信头条综合多方资源，力求将内容的智能推送做到极致。在此基础上，微信头条形成了3个特征，如图9-2所示。

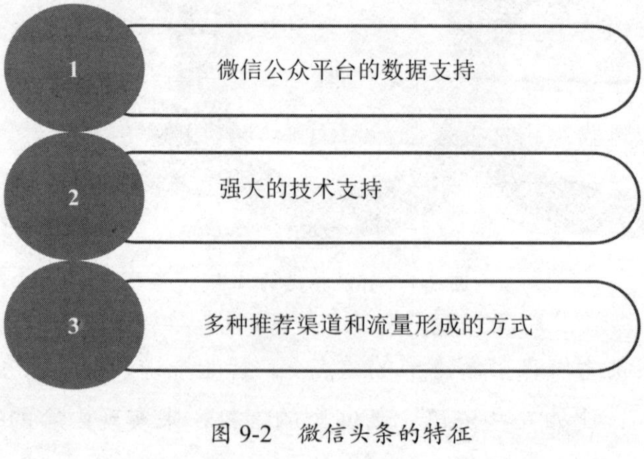

图 9-2　微信头条的特征

（1）微信公众平台的数据支持

现在，微信官方不仅在数据共享方面为微信头条提供支持，而且在运营、产品功能等方面也向微信头条提出最中肯的意见和建议。在这样的优势下，微信头条可以说是最具有代表性也是最权威的微信公众号合作平台。

（2）强大的技术支持

搜狗在搜索方面非常有经验，尤其是经过十多年的发展，积累了不少在搜索技术和数据处理方面的经验，这些技术方面的经验使得微信头条在大数据算法下实现了内容的智能推送。这样一来，就可以在很大程度上保证为用户推送最新鲜并且最优质的内容。搜狗又拥有搜索云的排重功能，这个功能在挖掘和分析内容时，可以分析出用户的兴趣和喜好，并以此作为推荐内容的条件，这样就可以在很大程度上保证为用户推送精准、有针对性的内容。

在技术的支持下，微信头条可以利用数据对内容进行挖掘和筛选，这样就可以得到最有价值的内容，然后再与用户的行为特征联系起来，进而实现为用户推送他们感兴趣、喜欢的内容，满足每位用户的不同需求。并且微信头条背靠多种资源，可以快速得到新鲜的信息，即用户不仅可以通过微信头条阅读到高质量的文章，而且可以第一时间感知到流行话题。在智能推送的帮助下，微信头条可以向用户提供符合他们需求、具有时效性的内容。

（3）多种推荐渠道和流量形成的方式

我们在前面说过，微信头条的资源非常丰富。这就使得它可以有多种内容推荐渠道和流量形成的方式。最重要的就是搜狗客户端的搜索引擎流量，其次是微信平台在数据共享方面提供的支持。还有一点不得不说，微信头条有搜狐方面的资源，像它的门户网站、新闻系统等。所以，微信头条在内容推荐渠道和流量形成方面有着其他平台不可比拟的优势。另外，在微信头条智能推送下还形成了互动性方面的优势。把用户的互动与阅读结合起来，这样的话，用户就可以通过对内容的收藏、分享等，将自己喜欢的内容保存下来，可以随时随地回看。

2．信息切入口，个性阅读驱动大平台连接

对于自媒体来说，微信头条在流量方面有两个方面的优势。一个是在搜狗搜索的基础上，可以获得流量并且形成一个平台入口；还有一个是内容创作者方面的流量导入以及内容曝光推荐。与传统平台推荐的内容有所不同，微信头条的内容通过智能推送的手段向用户推送，这样就从根本上保障了微信头条在推送内容方面的精准性和价值性，达到了为不同需求的用户推送不同内容的目标。

智能推送对各个平台的读者都有非常重要的意义，通过智能推送，读者不需要自己从海量的内容中寻找自己感兴趣、喜欢的内容，而是可以直接在页面中看到自己喜欢的，这样就节省了大家在寻找内容上的时间和精力。另外，智能推送也是各个内容分发平台非常重要的竞争力之一。在这个时间碎片化的时代，内容分发平台是否可以实现一条龙式的精准内容推荐，是读者非常看重的，哪个平台满足了他们的这个需求，哪个平台就掌握了更多的用户资源，而这一切都要建立在智能推送的基础上。这也是内容分发未来的一个大趋势。

智能推送固然是好，但是事情并没有十全十美的。笔者平时最大的爱好就是听歌，记得曾经有段时间非常钟情于民谣，搜索的歌曲大部分也都是民谣，正因为这样，应用推送给笔者的也都是民谣歌曲。刚开始时，特

别满意，给笔者推荐的歌也都很喜欢。但是过了一段之后，笔者又开始喜欢一些偏摇滚类的歌曲，这时才发现推荐的歌曲还停留在民谣上，在连续搜索了几首摇滚歌曲后，推荐中才有了摇滚音乐的影子，还是比较麻烦。

在基于用户的喜好和需求进行内容推送时，我们可能会面临这样的情况：推荐的内容大部分都是校园爱情小说；推荐的衣服大多是休闲风；推荐的美食大多是自助餐、火锅……长此以往，就会发现，为你推荐的内容都是你熟悉的，会缺少一些新鲜感。这就要求在进行智能推送时，还要时刻注意用户偏好的改变，根据这些改变向他们推送新领域的内容，增加内容的新鲜感。

9.2 数据为王：精准推荐比拼重点在大数据

内容分发平台要想按照读者的喜好进行更加精准的内容推送，就离不开数据，像今日头条、橘子娱乐等都是在大数据的基础上实现的精准内容推送。而且掌握的数据越多、层次越深，推送的内容也就越精准。所以，现在的内容推送平台较量的重点在大数据上，甚至可以说现在的内容推送就是一个“数据为王”的阶段。

现今，大数据所占的比重越来越大，它可以分析出每个人的喜好、感兴趣的东西等，甚至比我们的父母都要了解我们。在大数据时代下，我们的一切似乎都可以被掌握。

依靠大数据来实现对内容的精准推送是每个内容分发平台的必修课，是将内容分发工作做得更好的基础。未来的内容分发市场将是大数据的天下，大数据也必须成为各个内容分发平台未来发展的重点。

现在的互联网三巨头——腾讯、百度、阿里巴巴，都正在努力地在内容分发上下工夫，大数据、人工智能、云计算等也都成为了它们竞争的重点。对于它们来说，这场战争的号角才刚刚吹响。

在内容分发领域，不少平台都依靠内容分发发展起来，百度就是极具代表性的一个。对百度来说，最初的内容分发依靠搜索引擎来实现，在当时那个时代，这样的方式在行业中具有领先地位，因为那时正值互联网普及的初期阶段，人们才刚刚开始从互联网获取一些内容。只要保证搜索引擎中的算法优秀，就可以用较短的时间准确地为用户提供他们需要的内容，不管内容是否真的够精准，他们大都会满意。当再有某些需求时，他们还会借助搜索引擎来满足。

传统的内容分发平台将大部分的精力放在如何利用算法向用户展示更多的内容上，而那个时候的用户也对信息的数量最为关心。但是，随着大数据在我国的发展，依靠数量进行竞争的传统内容分发已经不能适应大数据时代的潮流。必须在新的算法下，利用大数据来实现内容分发和推送方面的改进，提升内容推送的精准度，提高推送出的内容的质量。从根本上解决用户在内容方面的难题，优化用户体验。

大数据技术实现了对内容的精准推送，使整个行业的从业者看到了内容分发方面的发展前景，为内容分发未来的发展指引了方向。在大数据的帮助下，内容分发平台可以在内容推送的精准度上做得比原来更加出色。在未来的内容分发战场中，利用大数据和云计算技术实现更加精准的内容推送会成为一把最锋利的武器。谁抓住了用户的心，谁就是这场战争的胜利者。

按照现在的情况，内容分发有比较大的上升空间。各个平台要不断学习新的技术，利用新的技术使内容分发得到不断创新。真正为用户解决内容多、杂、乱的问题，使分发效率有一个大幅度提升。

不少内容分发平台习惯用过去的方式处理内容分发问题，以至于走了很多弯路。现在做什么事都讲究与时俱进，所以，必须转变旧思维，用新的思维来进行内容分发。只有这样才可以为用户提供更加到位、精准的服务。内容分发的下一个热门话题就是大数据下的智能推送，也必定会成为未来内容分发领域的主宰。

基于搜索引擎下的传统内容分发在当时那个时代无疑很成功，在很大程度上是因为当时的内容分发平台抓住了风口。之前讲过，当时正是人们刚接受从互联网中获取内容的时期，人们获取内容的方式和习惯正在悄然发生着变化。利用搜索引擎来满足获取内容的需求已成为当时的主流，整个时代环境非常适合传统内容分发的发展。对内容分发平台来说，它们的关键就是如何使用户在最短的时间内获得更多的知识，对内容的精准性没有足够的重视。

后来，大环境发展为“互联网+”的时代，互联网成为了这个时代的必要因素。无论是什么行业、什么领域似乎都已离不开互联网了。在此种大环境下，用户的需求在不断扩大，很明显，根据旧思维推送的内容已经满足不了他们。这就要求内容分发平台要进行创新，在这个过程中，难免会出现一些问题、面临某种困境，我们必须依靠新的技术手段才能从容地应对创新路上的荆棘。

内容分发未来的发展方向将会是智能科技，这一点毋庸置疑。而发展的重点则是如何利用智能科技来实现内容的精准推送。基于大数据的云计算技术使这个重点变成了现实，奠定了内容发展的方向。

在大数据基础下的智能推送使得传统内容分发中的问题和困境有了

很大的改善。利用大数据，平台可以对用户的需求进行预测，然后再根据预测结果为用户筛选符合他们需求的内容直接展示在用户面前。简化用户获取内容的步骤，提高效率。还可以对内容进行分析，剔除那些没有价值的内容，保证向用户推送高质量的内容。把内容和用户联系起来的数据搜集起来，寻找它们之间的平衡点，在推送内容时就可以更加精准，而且也会更加及时。

在大数据基础上的智能推送，一方面优化了用户搜索信息的问题，另一方面也可以提高推送内容的品质，在很大程度上改善了内容多的缺点，不让那些没有营养的内容影响用户的阅读体验。

通过以上描述，我们可以感受到数据对内容分发的重要性，这就需要各个内容分发平台要注重对大数据的搜集和对云计算新技术的应用。内容创业者在选择分发平台时也应该选择有数据和技术支持的平台，这样就可以使内容推送给更加精准的读者，进而为内容创业者带来更多忠实的粉丝。

9.3 获取优质独家内容是竞争关键

通过上一小节，应该有不少内容分发平台会把在大数据基础上的智能推送当作在内容分发时制胜的要领。它们之所以会这样想，很大一部分原因是通过算法发展起来的传统内容分发在很大程度上要依赖技术因素，对内容分发的认识根本不透彻、不全面。我们不妨试想，要是没有内容，即使有再多的数据、再强大的云计算技术，那又有什么用呢？根本就是无济于事。所以，说来说去还是要将内容创作好，在这场战役中，能笑到最后的还是优质、独家的内容。

优质、独家的内容为在大数据基础上的智能推送提供了丰富的养料。

在这个内容分发的大数据时代，衡量一个分发平台好坏的标准并不单单是内容分发的精准程度，更重要的是内容的质量。传统的内容分发之所以会渐渐落后于时代潮流，很大程度上是因为没有一个健全的筛选机制可以对内容的质量进行筛选。这就会把一些毫无营养的内容推送到用户面前。这样的内容不仅会恶化用户的阅读体验，还会影响分发平台推送内容的效率。因此，如果想要提升分发平台的整体质量、增强竞争力，还是要从内容上下工夫。

在技术越来越发达的当今社会，新技术被越来越多地应用在创作内容的过程当中。现在的内容已经不局限于传统的文字和图片，内容的表现形式变得越来越丰富，对内容的质量要求也越来越高，高质量的内容为内容分发平台注入了新鲜的血液。新技术不仅提高了内容创作的效率，也提升了内容的质量。

新技术的数量越来越多，使得在大数据基础上的智能推送有了更加雄厚的基础。大量的高质量内容为内容分发提供了一片可以发挥自己的天地。在新技术得到应用后，新的内容创作模式除了使效率大大提高外，还不停地为分发平台提供高质量的内容以及数据资源。

随着内容创作方式的多元化发展，智能推送也成为了可能。内容数量的不断增多，也使得智能推送有了更大的发展空间。内容创作的多样化打破了传统内容的样式。以前传统内容分发平台将重点放在内容的数量上，其中一个非常重要的原因是以前的内容形式比较单一，如果想要推送出更多的内容，就要进行大范围的搜集，根本顾不得内容的质量是否合格。在当时那个时代环境中，这样的做法无可厚非，但是如今时代已经发展了，传统的做法已经不再符合时代和用户的要求。

自媒体的火热发展使得人们在创作内容方面的积极性被大大激发，这样一来，内容的来源越来越广泛。任何人都可以成为一个内容创作者，也可以对内容进行传播。这种情况的出现使内容的数量大大增多，这又是在智能推送内容方面的一种新可能。像 papi 酱、二更、同道大叔这些具有代表性的优质内容创作者，他们不仅激发了其他人的创作热情，而且也为内容分发提供了许多优秀的内容资源。通过发掘日常生活中的点点滴滴，填补某些内容的空白。

自媒体的发展为智能推送提供了更多的内容，而且，现在的内容创作者也越来越看重自己内容的质量，这就使得智能推送从最初就已经与传统内容分发相脱离了。由于内容创作方式的多样化而形成了一个新的内容分发时代，这在一定程度上还是在智能推送的范围中。

大数据的应用使内容的推送变得更加精准。现在搜集的数据已经不再局限于内容数据方面，而是将内容输出者、内容接受者、内容这三个要素结合起来形成一种新的数据收集方式。这种方式可以解决传统数据收集中对内容依赖过度的问题。把数据收集的精力主要放在内容输出者和内容接受者上，使最后搜集起来的数据更加精准。这样的搜集方式一方面可以使内容创作更加具有针对性，另一方面也可以了解用户到底需要什么样的内容，更好地掌握他们的阅读偏好。这样一来，以内容为基础的数据搜集已经不再是以前那种“闭门造车”的状态，而是可以通过对数据的研究和判断，得到一个更加准确的结果，创作者就会带着更强的目的去创作自己的内容。

基于收集内容数据的智能分发使得内容分发的不同模式产生了本质上的差异，并且也对传统方式下的内容获取产生了不小的冲击。如果从内容方面来收集和整理某些数据，那么就得是贴近读者的数据，这样的数据才是内容分发能够精准到位的保障，才可以达到真正实现智能分发的目标。

随着新技术的不断出现和发展，越来越多的内容创作模式应运而生，全新的内容分发时代——智能分发也正在逐渐地走向内容行业，这是一个无法回避的事实。凭借强大的技术支持，内容分发平台可以深度挖掘各种数据，为读者挑选出最优质的内容，内容创业者也可以不断拓宽内容创作的形式和来源，提高内容的质量。在新时代环境中，内容分发平台和内容创作者都可以为自己的内容增添新的活力，在内容行业市场中占据一个优势地位。在这种情况下，如果创作者不能创造出好的内容，分发平台不能获取到好的内容，那么等待它们的将会是一个非常残酷的结局。

9.4 【案例】“今日头条”：无须订阅，用智能算法推荐内容给用户

“你关心的，才是头条”，相信有不少人对这句话并不陌生，没错，这就是“今日头条”的口号。从“今日头条”成立以来，已经吸引了数以亿计的用户和粉丝，冲击着传统媒体，逐渐成为人们在日常生活中获取新闻和信息的重要渠道。“今日头条”在获得了 D 轮融资后，估值已经达到 110 亿美元，可谓是当下炙手可热的科技初创企业。

“今日头条”是一个典型的内容分发平台，虽然它对内容进行分发，但是它自己却并不会创作内容。它始终坚持着一个宗旨——“智能推送”，这也是 “今日头条”比其他内容分发平台更有优势的一个重要原因。

赵添是“今日头条”的高级副总裁，他在一次采访中曾说：“我们努力成为最了解每一位用户喜好的信息平台。没有两位用户的新闻列表一模一样。”如果大家质疑这句话，不妨找一个朋友试验一番，你们两个同时打开“今日头条”的 APP，看看首页推荐的新闻否是一样。在这里，笔者

可以斩钉截铁地告诉各位，一定不同。这就是“今日头条”在智能推送下的产物。“今日头条”与互联网三巨头——腾讯、百度、阿里巴巴竞争的最大筹码就是在智能算法基础上实现的智能推送，为用户进行个性化推荐，优化用户体验。

2012 年，张一鸣创建了“今日头条”。在“今日头条”刚刚成立时，人们获取信息的方式主要还是在新浪、搜狐等门户网站。而“今日头条”只是将信息转移到了移动端，这样并不能给用户带来多好的阅读体验。但是随着社会和内容行业的发展，“今日头条”慢慢地走出了传统信息市场的困境，公司得到了迅速的发展。在 2014 年获得了来自新浪微博高达 1 亿美元的投资。2017 年，它的日活用户数量已经过亿，2018 年的人数肯定还会更多。现在人们各方面的压力普遍都比较大，人们对一些幽默、有趣的内容有比较大的需求。“今日头条”抓住了人们在这方面的需求，一步步发展到了今天。

2015 年，张一鸣接受媒体采访时说：“我们和其他带有一定立场提供内容的新闻门户网站不一样。我们是一个中立平台，根据每个人的兴趣来提供新闻。”这句话道出了“今日头条”的优势所在。虽然“今日头条”在推荐方面有优势，但是没有强大的内容来源也是白搭，张一鸣当然深知这一道理。所以，“今日头条”在内容来源方面也毫不逊色。与它合作的内容创作个体和团队达到了4000多家，甚至还有新华社这类的著名媒体。

那么，“今日头条”是如何做到如此精准的推荐呢？副总裁刘思齐在 2017 年召开的 “中国移动电子商务年会”上给了我们答案。他在会上表示：“今日头条”的推荐引擎包含 3 个维度，如图 9-3 所示。

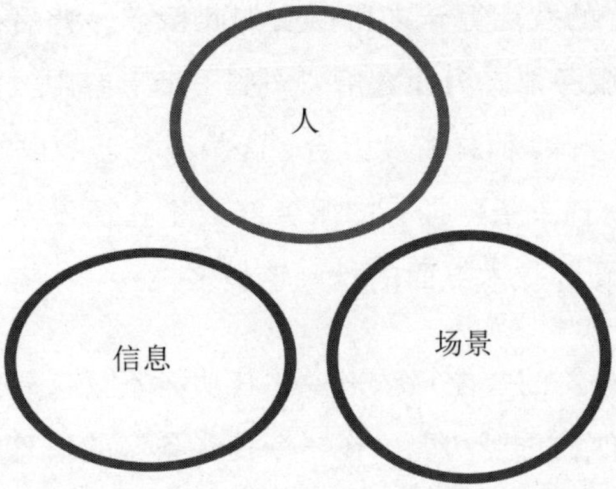

图 9-3 “今日头条”推荐引擎的 3 个维度

这就是“今日头条”可以实现精准推荐的法宝之一。接下来一个重要的制胜秘诀是智能算法。“今日头条”在智能算法的基础上，实现对每一个用户的刻画。

“今日头条”的每一位用户身上都会有多个的标签，在这些标签中，肯定会有一个最为明显。就像有的人专注于美妆，那么这个用户身上最明显的标签就是“美妆”。必须要先把每个用户身上的标签确定好，然后再根据标签为用户推送相应的内容，这是“今日头条”推荐引擎中的“人”。

再来就是“信息”。“今日头条”会根据信息的权威、时效等性质对平台中所有的信息进行一个严格的大筛选，还有关键词也非常重要，根据这些因素将信息进行分类，在推荐时就可以方便并且迅速许多。

最后一个是“场景”。例如，一个人从天津到长沙旅游，这时，他想得到的信息不是长沙哪个地方的线路出现了故障，而是关于长沙当地的特色小吃、著名景点、旅馆等方面的信息。“今日头条”会在强大的技术支持下深度挖掘用户所处的场景，推送出用户在所处场景内最希望获得的信息和内容。

“今日头条”的智能算法之所以会如此精准，背后有一些不得不提的“大功臣”，就是服务器。为什么用“一些”来形容呢？因为支撑智能算法的服务器并不是一台，而是有 4 万台，这些服务器的成本就已经快达到 10 亿元人民币。“今日头条”拥有的服务器数量在还没有上市的互联网公司中最多，还有在硬件技术方面的投入也最多。

对“今日头条”的智能算法来说，其功能不仅仅局限于分发或者传播上，还有一些其他的重要功能。在“今日头条”的信息流中会有一个包含三张图片的封面，然后利用大数据对其进行智能裁剪。例如，封面中出现了一个大小不合适的横版图片，这时就得裁剪这张图片。在裁剪时就会出现问题，我们必须要保证重要的部分不被裁掉，这时算法就派上了用场，可以发挥它分析和裁剪图片的功能。

再有就是筛选信息的功能，在一些长信息中提炼出一个最为关键的主题。还有就是对当天平台中所有的内容进行综合分析，然后把最热门的内容筛选出来，和平时出现在电视上的早报综述是一个道理。

还有就是在互动方面的功能。“今日头条”利用各式各样的算法，筛选出最佳评论展示在评论区中。对内容而言，最好的延伸一定非评论莫属。

智能算法也在公益方面献出了自己的一份力，使得一些公益信息在社会中传播开来。最具代表性的就是“今日头条”中的“头条寻人”项目。如果家中有老人或孩子走失，那么就可以将寻人信息提交上去，然后，“今日头条”就会在丢失地点附近做弹窗，向附近的用户推送寻人信息。在这个项目中，“今日头条”已获得了不小的成绩，帮助上千个家庭找到了丢失的亲人。这是技术帮助人类的一个非常好的范例，是非常有意义的一件事。

随着时代的发展，新媒体也跟着发展了起来，在很多方面都发生了变化，尤其是媒体承载形态方面。近几年，视频在内容行业的发展可谓是顺风顺水。一个很重要的原因就是视频承载信息的形式比其他形式有更好的代入感和互动性。有时用文字讲不清楚的东西，可以用视频来讲。在视频内容中，由于短视频符合内容市场的发展趋势，所以它的发展速度很快。"今日头条"就是看重了短视频市场，拿出了10亿元的补贴资金来支持短视频创作者。还专门为短视频设立了一个"金秒奖"，如今已经出现了很多优秀的短视频创作者，像"办公室小野"等。

"今日头条"张一鸣曾经说过这样一段话："将对媒体在'今日头条'平台上的用户数据进行更详尽的统计分析。除性别、终端、年龄、地域分布等用户属性基本分析外，还将提供用户兴趣和情感倾向的分析。通过这一功能，媒体可以知晓大众喜欢哪些分类的文章、用户喜欢文章里的哪些关键词、关注你的人还喜欢哪些内容等。"通过这段话，我们可以知道"今日头条"在智能推送的维度上朝着更深、更广的方向发展。在此基础上，"今日头条"形成了一套自己的推荐机制，主要基于以下几方面来为用户精准推荐内容，如图9-4所示。

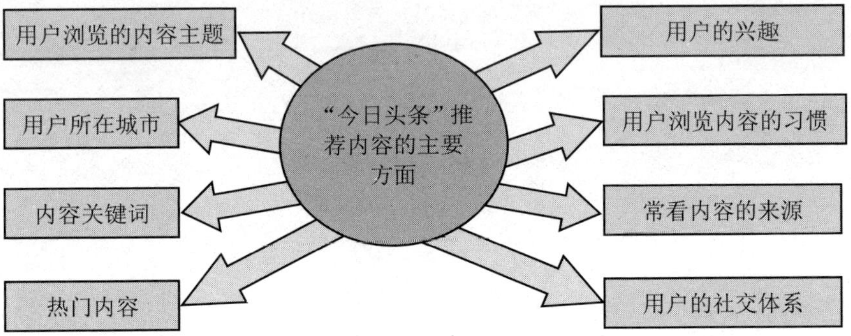

图9-4　"今日头条"推荐内容的主要方面

“今日头条”凭借自己的智能算法向用户精准地推荐内容，可以说获得了巨大的成功。不过，智能算法虽然是“今日头条”强有力的杀手锏，但是发展到今天这个地位，从根本上来说还是因为“今日头条”平台中的内容质量过关。

从2016年到2017年这一年的时间里，“今日头条”一直在发展进步。旗下的抖音、TopBuzz、西瓜视频等都受到了不少粉丝的喜爱，取得了非常亮眼的成绩。“今日头条”也正一步步朝着“世界上最大的内容分发平台”的目标前进。

第三篇

如何通过内容赢利

赢利是大多数内容创业者进行创业的最根本目的，也是他们追求的终极目标。许多不了解内容行业的人根本不知道应该怎样通过内容来赢利。如果是一些不想参与到内容行业中的人，那他们可以不知道，而对那些想要入行的内容创业者来说，这是必须要知道的。本篇为各位内容创业者介绍如何通过内容赢利，有哪些方式可以通过内容赢利。通过对本篇的学习，各位内容创业者可以找到一个适合自己的赢利模式。

10

内容付费：打造爆款内容，实现 IP 变现

随着内容行业的不断发展，赢利的方式越来越多，而且赢利方式与赢利多少息息相关。所以，对内容创业者来说，选择一个适合自己的赢利方式非常重要。目前，在内容行业中最主要的赢利方式有内容付费、广告、社群经济等，每种赢利方式都各不相同。本章对内容付费、打造 IP、销售内容衍生品三种赢利方式进行介绍，为大家选择赢利方式提供一些帮助。

10.1 内容付费

在现在这个时代，人们在信息方面的现状是：没有足够的精力去获取网络中无数的信息。这就导致了一个新的痛点——怎样才能从无数的信息中迅速获取一些有价值的信息。在这个痛点的基础上，内容付费开始发展起来。

以前，无论是什么类型、什么形式的内容都有一个非常明显的标签——“免费”。人们似乎对内容的“免费”已经非常习惯并乐此不疲。即便是这样，还是有不少平台推出了一些需要付费才能浏览的内容，其中比较有代表性的是：“喜马拉雅 FM”“罗辑思维”“知乎 Live”“开氪”等。这看似和市场需求相违背，但事实真是如此吗？并不是。内容付费从根本上来说，是在知识经济社会基础上的必然趋势，符合当今社会发展状况。内容付费使得内容创作者可以获得相应的物质回报，也让内容分发平台获得相应的回报，这是整个内容行业发展的大方向。

一些内容创业者可能没赶上公众号内容的红利，也没赶上短视频内容的红利，在内容付费这个风口的诱惑下，又开始蠢蠢欲动。不过，在此之前，我们首先要知道到底什么是内容付费。

对于内容付费，我们必须要知道它并不是一个最近才出现的新名词，以前已经有内容付费这样的形式，像出版行业、传统媒体行业。你在书店里买一本书也是内容付费的一种。只是在互联网时代，内容付费被网络化、抽象化了。实际上，为一些非常有价值的内容付费无可厚非，人们对这种方式也没有排斥心理。在这个过程中，最重要的是要创作一些真正具有价值，能够吸引用户去付费的内容。

现在的人们无论是在时间上，还是在获取信息上都是碎片化的，这毋庸置疑。碎片化使得以前十几二十万字的出版物渐渐失去了市场，这就为现在网络内容付费的发展创造了良好的条件。一般来说，现在最主要的内容付费形式有以下 7 种，如图 10-1 所示。

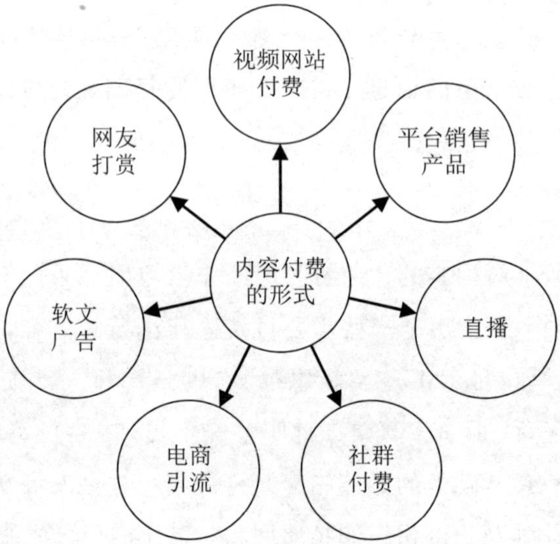

图 10-1　内容付费的 7 种形式

接下来，笔者为大家展示几个内容付费方面的案例。比如，“马东”“喜马拉雅 FM”等。内容付费这条路是不是适合每一个内容创业者呢？“喜马拉雅 FM”曾经也做过一次“双 11”活动，接着又在 12 月份举办了“123 知识狂欢节”活动，为平台中的付费内容打广告。通过此次活动，“喜马拉雅 FM”获得了超过 5000 万元的销售额。还有“马东”的节目《好好说话》，单日的销售额达到了 555 万元，这些都是非常亮眼的成绩。

他们能做到这样的成绩其实一点也不奇怪。我们大家都应该知道“马东”有一档节目叫《奇葩说》，这个节目在“喜马拉雅 FM”开始有付费内容之前就已经打响了名气，节目中的主要人物，如马薇薇等早就已经吸引了一大批的忠实粉丝。“马东”内容付费的成功，除有知识方面的原因外，雄厚的粉丝基础和他自身的名气也非常重要。粉丝在追求偶像时超脱理智，为了能够表达对自己偶像的崇拜，拉近自己与偶像之间的距离，为他们的内容付费是简单粗暴的方式。

“得到”之所以可以火起来，很大程度上是因为罗振宇的粉丝基础非常雄厚，还有就是粉丝和会员之间的转化。阑夕“问答”的火爆，也离不开他纵横互联网行业多年积累下来的强大影响力，以及他为自己塑造的鲜明形象。归根结底，当前的内容付费还只是少数内容创业者的春天，他们人气高、干货足、运营能力强。而那些在这方面相对欠缺的内容创业者没准就成为了人家的陪衬。

虽然是这种情况，但是大家也不必太过灰心，毕竟内容付费还在发展初期，未来的发展前景非常广阔。在现在这个网络十分发达的社会，每天产生的信息数量非常多。虽然现在内容行业的门槛在逐渐升高，但是依旧有不少垃圾内容出现在我们的视野中，使得内容变得非常杂乱。内容和信息的多、杂会导致一些非常有价值的内容被淹没在信息堆中，人们要想从中将其挑选出来简直如大海捞针。随着人们生活水平的提高，越来越多的人为了提高自己的见识和修养，愿意为一些有价值的内容付费。对内容创业者来说，内容付费又是一种可以变现的方式，何乐而不为呢？

随着新媒体的不断发展，人们在内容方面的喜好也发生了不小的变化。从一些有关数据来看，现在的人们更加偏好视频、直播等形式的内容。根据这种情况，一些平台不仅提供优质的文字内容，还发展了有声读物形式的内容。此举可以让用户利用一些碎片时间来获得知识。

另外，我们要知道，对内容付费来说，一个非常重要的基础就是移动支付。必须在移动支付非常发达的情况下，内容付费才可以顺利发展，这是内容付费发展过程中一个必不可少的技术条件。当然，现在支付宝、QQ、微信等移动支付工具在人们的生活中已经越来越重要，这就为内容付费提供了强大的技术基础。所以，内容付费不必担心支付方面的问题。

以前的内容付费可能只有非常少的消费用户。但现在不同，人们的需求种类越来越多，并且还在不断扩大。“真象大数据”曾发布过一份《知识付费经济报告》，该报告显示，已经有超过 50%的被调查者通过不同的渠道和方式产生过内容付费的行为，其中最主要的是付费下载以及付费咨询。还有超过 40%的调查者觉得为一些有价值的内容付费合情合理。如今用户的兴趣、消费观越来越清晰，愿意为某些优质内容付费的用户数量也越来越多。

在传统的内容行业中，免费、共享是两大主流，而当今内容行业的大趋势是内容付费。人们能够接受的付费内容形式也越来越广泛，比如，阅读、音乐、视频等。当然，最重要也是最根本的问题是要用最高的效率来满足用户获得价值内容的需求。当一些经验和知识逐渐变成商品，还要拿来交易时，这些经验和知识一定是有价值的。也许是网络平台上缺少，或者是为某些领域个体服务，只有这样用户才肯为内容买单。这些付费的内容一定可以满足用户的实际需求，消除了用户从内容中获取信息的过程中的某些痛点。优秀的内容创作者得到应有的回报，用户也得到了自己需要的信息，使得内容行业中有了一个良性的循环，在这样的情况下，内容付费的春天指日可待。不过即便如此，还是有人觉得内容付费是一个假象。这种想法也不是一点道理都没有，但这确实是多余的。移动支付在生活中越来越普遍，基本上消除了内容付费的外在门槛。这点前面已经说过，不再赘述。

现在的信息传播速度越来越快，碎片化程度不断加重。看起来像是有海量的信息供用户挑选，实际上那些垃圾信息就如同噪声一般影响着用户的挑选。因此，为特定用户筛选出精准、优质的内容成为了一种迫切的需求。用户用内容付费来换取更多的时间和精力，将会是未来的一个大趋势。

从内容创作者方面来看，可以获得报酬的内容创作，不仅是用户对他们的尊重及肯定，也是保障优质内容持续性创作的基础。比如网络文学，正是由于有起点等付费阅读的网站，作者才得以持续创作，而且也迎来了网络文学的一个高潮，形成了用户、作者、平台、出版影视机构等一系列的闭环。既然是付费，内容生产方必然要对内容负责，那种内容免费时代的各种断档现象将会大大减少，有利于整个内容产业的完整性。

软件付费、影视付费，每一个付费习惯的培养和形成，都需要时间和条件，内容付费同样也离不开这个规律。

10.2 打造 IP 实现赢利

在内容创业中，将自己的内容品牌打造成 IP，无疑非常具有诱惑力。IP 是内容创业中最高级的玩法，也是每个内容创业者想要达到的最终目标。为什么内容创业者要追求 IP 化呢？其实答案非常简单，就两个字——赚钱！

既然说到 IP，那么我们首先要知道它到底是什么意思。IP 也就是 Intellectual Property，翻译为中文是知识产权的意思。内容创业从某种意义上说就是将自己的内容朝着产权的方向发展，形成一个自己的内容产权体系。

内容创业者将自己 IP 化以后，就已经不是传统意义上的自媒体，而是一棵可以不断带来丰厚利润的“摇钱树”。说到打造 IP 的成功典范，不得不说的就是“罗辑思维”这个超级大 IP，它的年均收益已经达到了亿元水平。虽然要成功打造像“罗辑思维”这样的大 IP 并不是一件简单的事情，但是我们可以定一个小一点的目标——打造小 IP，获得的收益可以帮助养活自己和家人的下半辈子也未尝不是一件幸事。

每个 IP 都具有非常强的原创能力，这无可厚非。从“罗辑思维”到“十点读书”，再到“牛哥微课堂”等，无一例外都具有强大的原创实力。对于 IP 而言，它不会受到平台在流量方面的限制，因为一个成功的 IP 可以做到它到哪里流量就跟到哪里。现在，越来越多的平台都把成功的 IP 看成“香饽饽”，争相与它们签约。这样一来，这些 IP 就可以从中获得丰厚收益。

目前，越来越多的人觉得自媒体就是纯粹的自媒体，根本没想过要将其打造成 IP，更没考虑过如何将自媒体打造成 IP。大部分人都只看到了“罗辑思维”的 60 秒语音，却不知道它旗下还有一个拥有大批粉丝的读书社群。而且，这个社群中的粉丝才是“罗辑思维”最强大、最坚实的收益来源。对一个内容创业者来说，如果仅仅将自己的工作局限于写写文章、发发内容，那么他就会一点点落后于行业潮流。现在不好好把握这个 IP 红利的机会，难道要等到 2020 年吗？

截至本书完稿，“罗辑思维”的估值已经将近 15 亿元，这就说明对内容创业者来说，打造 IP 是获得更大收益的一个好途径，也是求得发展的好出路。哪个创业者可以把握住打造 IP 的红利，谁就能在未来赚个盆满钵满。

内容创业者将自己打造成一个成功的 IP，就可以在更多的平台上分发内容，获得更多的流量和利润来源，这大家都已经知道。不过，对每位内容创业者而言，摆在大家面前的一个最大难题可能是不知道打造 IP 要从哪儿着手。别急，下面笔者来为大家解决这个问题。要想打造 IP，我们要掌握以下几个要点，如图 10-2 所示。

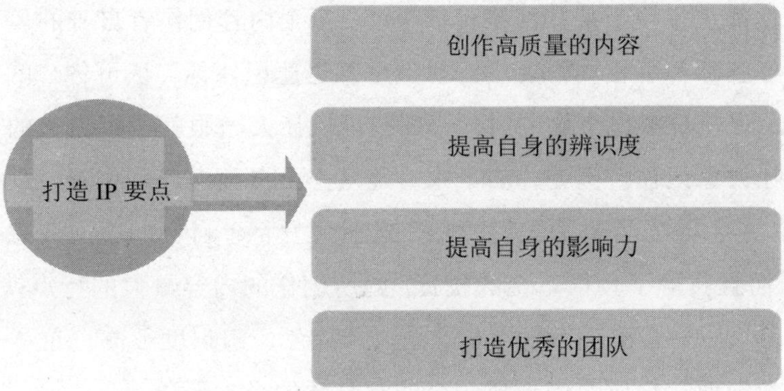

图 10-2　打造 IP 要点

（1）创作高质量的内容

想让粉丝认可你，你总要为人家带去些什么，不然人家凭什么要成为你的粉丝？而这个价值的最好来源就是高品质的内容，也是成功打造 IP 的一个核心要点。在内容创业中，内容的价值始终不会变，内容的价值在很大程度上决定了可以吸引的粉丝数量。你的内容可以自己创作，也可以其他人创作出来提供给你，但无论是哪一种情况，都要保证内容高质量、有价值，符合主流价值观。这样的内容才可以吸引粉丝，让粉丝对你的内容产生深刻的印象。再有就是内容最好够独特，可以有独特的观点或者独特的品位，大胆地表达自己的真实情绪。在这个方面，“罗辑思维”很具有代表性。它的内容不仅质量高、有价值，而且还涉猎广泛，这样的内容为其成功转型为 IP 提供了强有力的保障。

（2）提高自身的辨识度

要想成功将自己打造成 IP，就必须提高自身的辨识度。大多数粉丝能够认识你都是有赖于某些网络传播平台。每个内容创作者自身的风格以及身上的标签都各不相同，要想让粉丝可以迅速记住你、认可你，就得有高辨识度。现在是彰显个性的时代，那些可以让人一眼就辨识出来的人才比较容易让大家记住。例如，胡辛束。她是一个漫画内容创作者，最初凭借《我心中的 10%先生》为人们所知，之后又发行了自己的书《我想要两个西柚》，而且获得了真格基金的投资。她所创作的内容最大的特点就是“贩卖少女心”，并且植入广告的方式也独具特色，辨识度很高。这样一来，就可以渐渐地在粉丝心中形成一个非常具体的个人形象。

（3）提高自身的影响力

这个影响力的衡量标准不是你的粉丝数量，而是愿意为你付费的粉丝数量，现在越来越多的自媒体都开始走打赏的道路。记得曾经看到过一则新闻“知乎作者凭借粉丝打赏年入百万元”，由此可以看出，创作者在粉丝中的影响力和粉丝的喜爱程度会对他的赢利造成很大的影响，同样也会影响 IP 的打造。“分答”曾经有一段时间非常火爆，通过对问答和偷听的付费吸引了大量的 IP。就连王思聪都跑到上面回答问题，轻轻松松就收入了几十万元，那为什么他可以做到呢？很大程度上是由于他的号召力和影响力。所以，要想成为 IP，就要打响自己的名气，提高自己的影响力。

（4）打造优秀的团队

创作一个为自己量身打造的产品，内容行业现在受到了不少商家的关注和喜爱，在我国也逐渐形成了一套完整的内容行业体系。现在一些在网上非常火热的内容创作者背后都有专业的团队在操作，这就为延伸自己的渠道提供了人力保障。要想成功打造 IP，凭借个人的力量很难办到，必须有强大的后援团队。像“罗辑思维”“同道大叔”这些大 IP 的背后都有优秀的团队在运作。

在打造 IP 时我们必须掌握以上要点，这会大大提高成功的概率。对那些已经通过努力成功打造了 IP 的内容创业者来说，下一步可以试着连接更多的平台或领域，不断扩大 IP 的影响力，这样一来，不仅可以增强 IP 的变现能力，而且可以提升 IP 的品牌价值。

根据现在的情况来看，比较成功的 IP 类型主要有以下两种。

（1）带给人们欢乐型

这个类型中最具代表性的有“屌丝男士”“极品女士”等，主要是利用一些恶搞、幽默的内容为粉丝带来欢乐。这种类型的 IP 不需要太过高超的技术，但是它的用户黏性也低，粉丝很容易不买账。

（2）带给人们精神型

这个类型中最具代表性的是“罗辑思维”“吴晓波读书会”等。这个类型的 IP 主要为那些非常渴望成功的粉丝服务，为他们进行智力输入。这种类型的 IP 相对来说比较高级。人人都想成功，这是最具有实际意义的需求，满足这项需求的生意所面对的市场当然非常广阔。

在这一方面，“罗辑思维”可谓做到了极致，在它的努力下，IP 的领域被不断拓宽，最初是一个脱口秀节目，然后开始打造社群，后来又进行电商运营……“罗辑思维”通过打造 IP，获得了越来越多的收益，而且影响力也越来越大，简直是名利双收。要成功打造 IP，不妨看看“罗辑思维”是如何做到的。

内容创业者在刚开始经营 IP 时，可能会觉得心里没底，不知道什么时候可以结束这样的日子，这是一个正常的现象。在这种情况下，大家更要拿出自己坚韧的毅力，坚持下去，相信有朝一日一定可以用 IP 获得自己的收益。

10.3 销售内容衍生品

在内容行业中，从内容的衍生品方面打开新的赢利渠道也慢慢成为了一个新趋势。随着时代的发展，我们对于电商越来越熟悉，在我们的生活中也起着越来越重要的作用。正是因为电商在我国的快速发展，使得内容衍生品有了一个非常便利、高效的销售平台。

"同道大叔""一条"等优秀的内容创作者也都纷纷地加入了销售衍生品的阵容当中。这个赢利模式的基本原理是，先用一些优质的内容将大批粉丝吸引过来，之后在内容中宣传自己的产品，最后将产品销售给粉丝。这样的方式与一般的产品宣传方式有很大不同，它并不是直接向粉丝说产品有多好，也不跟大家玩促销，而是通过浏览内容让粉丝先产生黏性，然后自然而然地把产品销售出去，这是这个赢利模式中比较高级的玩法。在销售内容衍生产品时，其实并不仅仅是销量产品本身，更多是销售品牌。就像"同道大叔"，它的衍生品之所以可以销售得这么好，很大程度上是因为它自身的品牌。

在这里，大家要注意，并不是所有的内容创业者都能通过这种模式赢利，也不是所有的产品都适合作为内容衍生品。一般来说，那些比较精致、小巧的产品，例如，摆件、钥匙扣、手机壳等最适合作为衍生品。或者如"一条"那样，在自己的平台上销售产品，不过，它销售的产品种类比较多，而且是一些轻奢商品，面对的主力消费人群是一些工资较高的白领或是小资青年。虽然“一条”的这种形式并不属于一般意义上的内容衍生品销售，但是也为其他的内容创业者提供了一条赢利的新思路。

销售衍生品必须要有高质量的内容做基础，这样才可以实现内容到销售的转化。内容不能是简简单单、没有营养的心灵鸡汤，这样的内容根本不能形成用户黏性，也销售不了自己的产品。

还有一点，内容创业者要想销售衍生产品，还要有不错的物质基础，看看自己的腰包够不够鼓。毕竟生产产品的成本不是一笔小数目，像“日食记”的老板姜老刀，有一个自己的影视工作室，有一定的经济基础。如果真的是资金不足，就要寻求投资，不过如果你的名气不够，这会非常困难。

在这方面，大家还可以试着去扩展销售渠道，先利用内容积累足够多的流量，得到一笔流量收益，然后用流量收益生产产品，再把产品销售给其他商家，让其作为代理商帮助销售产品。这样可以获得更多的销售机会，在单位时间内销售出更多的产品。不过要注意，在选择中间商时，要选择那些比较有名气、有信誉，得到消费者认可的中间商。

大家要知道，通过销售内容衍生品赢利的内容创业者必须具备以下重要 3 点，如图 10-3 所示。

图 10-3 销售内容衍生品的内容创业者应具备的要点

对不具备以上3点的内容创业者来说，想要将产品销售出去非常困难，即使销售出去了，得到的也只是蝇头小利，起不了什么作用。如果是这样，还不如留着生产产品的成本来把自己的内容做得更优质。内容足够好，名气就上去了，粉丝数量也会增加，到那时再销售内容衍生品，还怕没有人买吗？

对刚刚接触衍生品销售的内容创业者来说，必须要了解销售产品的技巧，也就是如何将产品销售出去，获得更多的利润。笔者将其总结为两种模式：

第一种是交叉型产品销售模式。

众所周知，免费对任何人来说都极具吸引力。因此，可以利用免费的产品先把粉丝吸引过来，之后再销售其他非免费的产品来获得利润。这是不同产品间的相互交叉，简单来说，就是用免费的产品来吸引粉丝购买非免费产品，然后用获得的一部分利润补足免费产品的损失。

第二种是多种产品销售模式。

一般来说，该模式下的产品分为三种：一是诱饵产品，先生产出一部分免费产品来吸引更多的粉丝，就像不少内容创业者最初都用免费的内容和产品来吸引粉丝；二是赠送产品，把某种产品作为其他产品的免费赠品送给粉丝，比如粉丝购买你的书时，你可以将书签作为赠品免费送给粉丝；三是分级产品，就是最低等级的产品可以免费送给粉丝，而那些高级的产品就需要掏钱买。

最后，在销售产品时还有一个重点就是信任度。如果粉丝对你足够信任，就会对你销售的产品产生购买的意愿。下面，笔者给大家介绍一个朋友购买某博主产品的案例。

这个博主销售的产品是钥匙扣，笔者的朋友花了 10 元钱购买这个产品，买完后朋友说他买时其实根本就不了解到底是什么产品，只知道产品的价格是 15 元。还说，这个博主当时介绍这个产品有 24 小时的无理由购买时间，也就是如果你不问关于产品的任何问题，就可以花 10 元钱买到这个产品。笔者的朋友是这个博主的忠实粉丝，当时就非常坚决地买了下来，而且真的没去问关于产品的任何问题，他当时想的是要支持和信任自己的偶像。

通过这个案例，大家可以感受到信任的力量以及偶像的吸引力，也就可以理解为什么“罗辑思维”可以在产品售卖会中取得那么好的销售成绩。所以，内容创业者必须让自己的粉丝对你产生足够的信任，这个信任的重要来源就是优质的内容和物美价廉的产品。

10.4 【案例】万合天宜：打造《万万没想到》IP，创造收视神话

2015 年，教授易小星曾经做客《鲁豫有约》，主持人鲁豫问他：“如果世界上没有网络你会干什么？”他回答：“可能会选择死掉吧。”当时，《万万没想到》已经更新到了第三季，也是《万万没想到》将“网感”这个名词带到了大众面前。下面，我们让时光倒流到 2005 年，那时，优酷还没有推出，土豆网也还是最初的模样，易小星还叫易振兴。

易小星应该属于最早的一批内容创业者，他最大的爱好是自己制作、剪辑一些视频。后来他戴着一个面具在土豆网录制一些吐槽视频，一时间获得了大量的关注，可谓是当时最火爆的播客之一。通过土豆网，他与后来的合作伙伴结缘，就是范钧和柏忠春，之后，三个人合伙创立了《万万没想到》的大东家——万合天宜影视文化有限公司。

易小星曾经在节目中谈到，万合天宜有过两次“生死存亡”的经历，而造成这两次经历的主要原因是专业性不够。第一次是易小星在北京待了三个月之后，接了首单项目，后来由于不是专业性的团队，而且团队之间的默契度也不够，导致整个公司差点要散伙；第二次是公司刚刚成立半年时，接了一单没有能力完成的项目，结果是怎么都做不好，就去向客户说明情况，求得谅解，这次事件对万合天宜可以说是毁灭性的。

经过这两次的失败，再加上易小星对互联网浪潮的预测，他毅然决然地将重点转到了“互联网影像”上面。从现在的情况来看，他当时的预测没有错误。近年出现的网剧、直播、短视频等都属于“互联网影像”延伸出来的小种类。易小星觉得“互联网影像”的黄金年份是2008年和2009年，当时人们的互联网商业意识才刚刚被唤起。对此，易小星曾经说过这样一段话：“一方面广告商开始并不重视互联网影像这个市场，到后来加大投入，变得越来越重视。我当时光是靠视频上的广告收入也能赚差不多五六十万元，相对我老家那个收入水平来说，买房买车绰绰有余。另一方面，很多互联网、视频网站也开始使劲砸钱捧这些内容原创者，有一年某视频网站甚至拿出价值20多万人民币的金砖，奖励优秀的视频原创人才。”正是由于易小星对互联网浪潮的正确预测，再加上他本身入行就早，让他成为了内容创业的幸运儿。

易小星针对“互联网影像”这个发展重点，在2013年，他带领着白客、孔连顺等人制作了《万万没想到》。在制作时，他们经费非常紧张，每集的成本大概就要两万元左右。不过，也正是因为这样，才会出现那些令观众印象深刻的“五毛钱特效”。没有想到的是，《万万没想到》刚一推出，每集的点击率就达到了7万次，接着吸引来了一些广告商，后来，在第三集片头时，《万万没想到》打出了首个广告——优酷手机客户端。

《万万没想到》每一季的主角都固定不变，但主题在变化。每集的时长在 5 分钟到 10 分钟。剧情融合了二次元日和风格，用搞笑段子来反映某些时代痛点，把观众的碎片化需求深刻表达了出来。恶搞、幽默的段子为年轻人的生活加了非常多的笑料。优质的内容和对口的需求是它可以迅速走红的两大主要原因。

与《万万没想到》有异曲同工之妙的还有《屌丝男士》《极品女士》等。但是，在互联网市场上万合天宜似乎一直处于领先地位，几乎没有可以和它一争高下的公司。其中主要的原因是万合天宜公司开发了一条自己的产业链。《万万没想到》第一季大获成功以后，它们并不单单是接着推出第二季、第三季、第四季，更重要的是还和湖南卫视联合起来，打造了贺岁影片《万万没想到之小兵过年》，该影片在湖南卫视和优酷都可以看到。

陈伟泓是万合天宜的 CFO，他在一次采访中说道："之前大家认为网剧是非常低级的东西，'正规军'不愿进来，《万万》爆红之后，网剧的商业模式开始清晰起来，我们做到第二季时，吸引来了一些广告商，通过广告开始赢利。"我们必须承认，正是由于《万万没想到》的火爆，才使得大家开始初步认识并了解到互联网内容方面的商业模式。

后来，万合天宜又推出了电影版的《万万没想到》，根据视频版的火热程度，该影片的票房预计可以达到十亿元左右，但天不遂人愿，最后的票房只有三亿元。虽然没有赔钱，但是赔了口碑。万合天宜公司在互联网最浮躁的时期发展起来，吸引了大批粉丝后却没能成功转化为票房。对此，有的人觉得万合天宜公司已经到了瓶颈期，然而事实真是如此吗？笔者认为并不是。我们不能因为电影票房的不理想而把万合天宜公司的其他成绩抹杀掉。除了《万万没想到》系列外，万合天宜公司还做了许多事情，笔者用一张图来将万合天宜做的事情向大家展示出来，如图 10-4 所示。

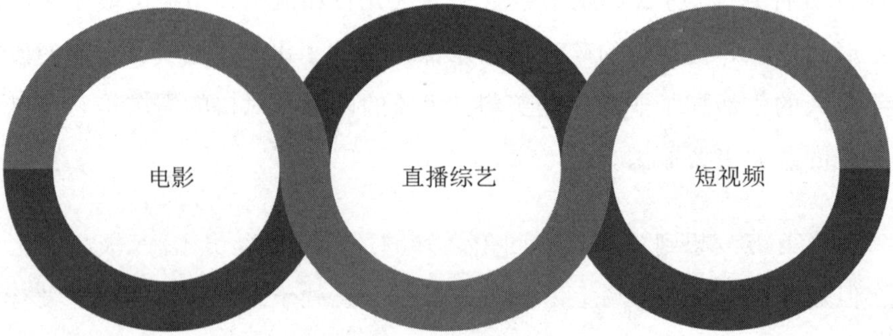

图 10-4 万合天宜布的局

（1）电影

万合天宜不仅成功地将《万万没想到》送到了电影院，而且还计划将公司打造的《报告老板》也送进电影院。除了发展自己的电影，万合天宜公司也投资了一些其他的院线电影，比如我们熟知的《大闹天竺》《后会无期》等，在为这些电影投资的过程中，万合天宜也将旗下的演员白客、白本煜等送进了电影中，以提升他们的知名度。

（2）直播综艺

最具代表性的是《女拳主义》节目。为了发展直播综艺，万合天宜特意创建了自己的直播公司——万合互娱，公司成立之初就获得了以斗鱼为主的三家公司的联合投资。另外，万合天宜对乙宏娱乐进行投资。可以知道万合天宜这次发展直播综艺并不是一次尝试，而是一次战略布局。2016 年《女拳主义》播出第一期以后，在线观看人数超过两百万。万合天宜公司在发展直播内容时，不仅在做头部内容，而且在为公司造星。

万合天宜曾经是网络内容中的佼佼者，最近几年的发展趋势也都是在跟着内容创作的“风口”走。万合的一个制作人曾经表示“我们必须努力看懂直播”。对万合天宜来说，发展直播内容是“视频 2.0 时代”的大势所趋。

（3）短视频

腾讯科技曾经为陈伟泓做过一次专访，他在采访中表示，万合天宜打算与 1000 位新的短视频内容创作者签约，并在采访中说道：“这有些像短视频的内容创作平台，从中发觉好的头部内容进行进一步支持。”

许多人都希望万合天宜可以打造出下一个《万万没想到》，因为它毕竟是曾经的佼佼者，而且也努力地朝着更好的方向发展，所以，大家的希望还是非常有可能实现的。不过要想达到《万万没想到》这样的火爆程度恐怕没有那么容易。

11

广告——内容付费形态的简单模式

对内容创业者来说，广告是最基本也是使用最广泛的赢利方式。对于内容创业新手来说，这也是一个不错的赢利选择。不过，做广告也是有技巧的，如果做不好，不仅不能为广告商提高商品的销售额，还可能引起粉丝的不满，结果就是赔了夫人又折兵，得不偿失。所以，在利用广告赢利的时候把握好技巧是关键，本章从广告的三种主要形式——产品广告、品牌促销、KOL 着手，分析它们各自的具体情况，并向内容创业者传授一些重要方法和技巧，最后分析经典案例“天才小熊猫”，供大家借鉴参考。

11.1 产品广告

对于每一个内容创业者来说，如何将内容变现是摆在他们面前的共同难题。现在正处于一个消费不断升级的时期，在消费决策方面，消费者非常需要一些有价值的内容来帮助他们。一个好的广告可以把消费者和一个好的商品连接起来。因此，为产品做广告就成为了内容创业者最普遍的一种赢利来源。但要注意的是内容变现不应该去破坏社会的核心价值。

以微信公众号为例，当你的内容吸引了足够多的粉丝，有了一定的名气之后，最先给你递来橄榄枝的一定是广告主。最初的广告形态是微信页面底部的一些广告，当你的名气越来越大，就会有越来越多的广告主找上门来。有很大一部分内容创业者仅仅依靠广告收益就能吃喝不愁，打一条广告的价格在几万元，甚至几十万元，养活一个团队都是没问题的，养活自己就更是小菜一碟了。一些比较有名的内容创作大咖，像“黎贝卡的异想世界”“严肃八卦”等，他们可以在没有融资的情况下，用广告收益就可以支持日常的各项运作。

但是广告赢利这碗饭也不是谁都能吃的。一般情况下，比较有钱的广告主更加青睐找头部账号为自己打广告，就连一些比较知名的账号都得排队等待机会。但是，随着行业市场的不断发展、变化，这种情况已经有了明显改善，越来越多的商家愿意花重金找一些内容创作者做广告，所以大家在这方面的收益也就越来越丰厚。这时，问题来了：到底是什么原因使得广告商愿意掏钱为自己做内容创意的广告呢？主要有三个原因（如图 11-1 所示）。

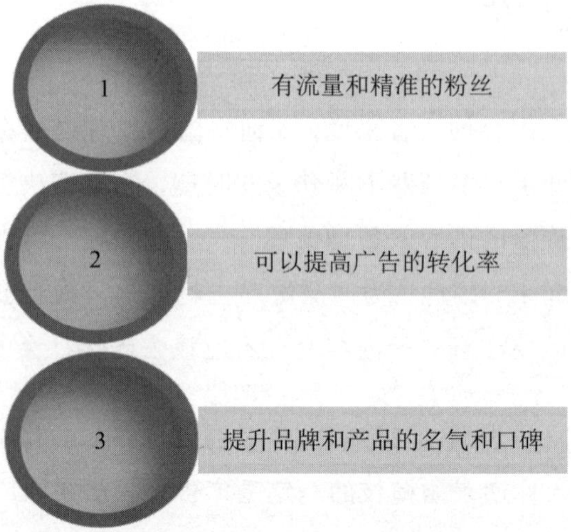

图 11-1　广告商做内容广告的原因

（1）有流量和精准的粉丝

当内容创业者积累了一定的粉丝后，你的身上就已经有了商业价值，就像“罗辑思维”“papi 酱”等，商业估值都很高。这个商业价值最具代表性的体现就是流量思维。粉丝数量多，并且内容的阅读量、点击率都比较高的内容创作者就是一个流量入口，他们可以成为连接商家和用户的一个有效渠道，就像一个班级的班长，总是可以轻松吸引其他同学的注意力。对于内容创作者来说，他虽然不能左右粉丝们的思想，但是可以将粉丝们的注意力都引到他这里来。

还有重要的一点就是内容创业者在创业前都会对自己的粉丝进行精准定位（这点笔者在前面的章节也有非常详细的介绍）。在这样的情况下，他们的粉丝就是一批特定领域的人。而产品也有自己相对应的消费者人群，找不同的内容创业者来给产品做广告，就可以把产品精准地推荐给目标消费者。而且，当内容创业者的粉丝与产品的目标消费者越契合时，这个广告的价值就会越大。

内容广告与其他方式的广告是有很大不同的，其中最明显的一点就是内容创作者可以利用一些个人色彩非常鲜明的优质内容吸引到相当数量的精准粉丝，进而为广告中的产品带来更精准的消费者。尤其是那些垂直化的内容创作者可以使粉丝更加稳定地聚集，粉丝的黏性也会更持久，这样广告的宣传效果也会更好。

（2）可以提高广告的转化率

对产品商家来说，现在都讲究精准营销。虽然大流量平台并不在少数，但是经过实际检验之后却发现这些平台的广告转化率以及产品的成交额却不如内容平台。这其中最主要的原因就是那些平台中的大部分流量都是一些无效流量。而内容平台中广告转化率更高，不仅因为粉丝更加精准，还因为内容可以唤起粉丝的某种心理，暂时改变他们原来的心理，这就是内容的价值。就像某知名博主，曾经为一条价值上千元的丝巾打广告，这条丝巾的全国销售量还没有超过两千条，这个博主打完广告之后，半个小时的时间就销售了 1500 条，战绩斐然。一般来说，人们不会在自己原有的认知习惯之外去买一件超出一般价格的产品，但是内容创作者通过在内容中对产品进行动情描述，可以使粉丝的心理暂时发生变化，想象自己是一个崇尚完美的人，将粉丝带入产品之中，刺激他们的消费心理，达到广告的最佳效果。

因此，那些大流量平台只可以对人们简单的购买行为有促进作用，而内容广告可以暂时改变人们的心理，刺激人们的消费欲望，进而产生购买产品的行为。

（3）提升品牌和产品的名气和口碑

对广告商来说，打广告除了为了促进销售外，更希望能够通过广告提升自己的名气，提高自己的口碑。而内容自身就有引导舆论的作用。所以，用内容做广告可以对产品品牌的宣传起到良好的效果，进而使公司的品牌名气有一个大大地提高，带动口碑的提高。从本质上来说，无论是广告软文还是有广告的短视频，如果其内容优质，依旧会有不少粉丝浏览、分享、转发。这样一来，广告无形中就能被粉丝免费传播。以前，人们看见的最多的应该就是文字或短视频之类的内容，但是现在，段子作为一种比较新鲜的内容形式在网友之间流行起来，也出现了一些以生产段子内容为主要业务的文化公司。这些段子也许是短篇的恶搞，花样百出；也许是比较高段位的，比如一本正经的胡说八道。目前在段子内容界比较火的有“铜雀叔叔”“天才小熊猫”“售楼先生”等。

经过上述介绍，对内容创业者来说，为产品做广告还是一种比较不错的赢利方式，而且未来的发展前景也是不错的。如果内容创业者真的想以此赢利的话，就有必要知道内容广告都有什么类型，这样在做广告的时候才不会出现不知所措的情况。

一般来说，内容广告有两大种类：平台广告和原生广告。

（1）平台广告

通常来说，内容平台都会有一些自己拉来的广告，然后他们会把这些广告分配给内容创作者，并在他们的内容中展示出来，在这个过程中内容创作者可以获得相应的分成，这就是平台广告。从目前的情况来看，这是大多数内容创业者广告收益的来源。这种广告类型的最大特点就是运营起来比较简单，内容创业者只要提供一个流量的入口就可以了。

（2）原生广告

原生广告指的是内容创作者按照自己内容的特点以及广告商的要求为产品量身打造的个性化广告。这种广告类型是一些顶级的内容创作者的收入来源之一，对内容创作者的内容质量有很高的要求，并且要求内容创作者对广告产品必须有非常透彻的了解。顶级创作者粉丝数量多并且黏性非常强，所以，广告的费用是比较高的，利润也会更加丰厚。

根据现在的情况来看，产品广告仍然是内容创业者的主流赢利方式。不过，在所有的内容赢利方式中，广告也许并不是一个可以持续获得丰厚利润的方式，毕竟现在它面前有内容、变现这两个比较大的阻力存在。对于那些初入内容行业的内容创业者来说，把广告当作主要的赢利方式是没有问题的。而那些已经发展到一定程度的内容从业者就要对自己的内容价值、粉丝价值等进行深入挖掘，发展出更多的赢利方式，例如电商、IP、社群等。发展到最后阶段时，要使自己脱离掉自媒体这个称号，把自己变成一个真正能留住粉丝、获得更加丰厚利润的内容公司，例如“同道大叔”“得到”等。

11.2 品牌促销

对传统媒体来说，要想获得收益就只能利用广告。那时候，中国大概有百分之八九十的传统媒体都是从这方面获得利润的。当时的情况是很大一部分传统媒体离开广告基本上就发展不下去了。而现在的内容创业者就不同了，他们不会只吃广告这一碗饭，而是在以前广告的基础上衍生出来新的分支。并且他们也不用像以前那样还要去搭建平台，这就使得现在的内容创业者在资本方面的耗费降低了很多。当然，内容创业也必须和利润紧密联系。在内容中为品牌做促销就是内容创业者获得广告利润的另一种方式。不过，在为品牌促销做广告的时候，要时刻谨记以下几点（如图 11-2 所示），不然后果可能就是品牌没宣传出去，还把自己好不容易积累起来的信誉给搭进去了。

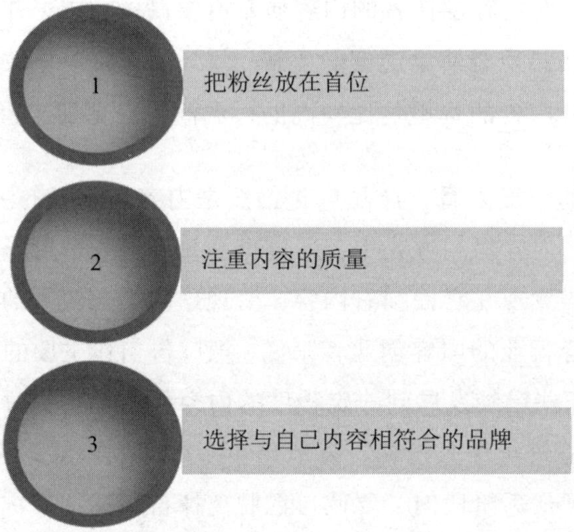

图 11-2 做品牌促销广告的要点

（1）把粉丝放在首位

对内容创业者来说，粉丝才是最根本的收入来源，要始终把粉丝放在最重要的位置上。不能因为给某一个品牌做促销可以获得收益就对粉丝的利益不管不顾。内容创业者必须始终获得粉丝的认同感，这样才可以朝着更好的方向发展。如果因为一时贪婪，为一些根本没有保障的品牌做促销，使得粉丝们纷纷离你而去，那将会是极大的损失。如果要做品牌促销，就必须考虑自己的粉丝，要对他们负责。首先，思考一下自己是不是用过这个品牌的产品，这个促销的力度对粉丝来说是不是有利。如果这两个问题的答案都是否定的话，那就不要为它做广告了。或者是让品牌厂家先把促销的产品拿来给自己试用一下，试用之后再决定接不接这个促销广告。

另外，我觉得既然是促销广告，可以把促销的情况，不管是好的还是坏的方面都详细地展示给自己的粉丝，还可以明确地告诉粉丝这个品牌对你的内容做了什么样的赞助，这也是一种对粉丝负责的方式。

（2）注重内容的质量

内容创业者最核心的还是内容，促销广告也是内容的一部分。不能因为要为某个品牌做促销就不重视自己的内容，也不要让这个促销广告拉低自己内容的质量。就像“天才小熊猫”，虽然有很多带有广告的内容，但是内容的质量一点都没受影响，还是有许多粉丝爱看，甚至还有粉丝专门看内容中的广告。

因此，内容创业者必须重视内容，有的品牌商提供的一些促销信息都是按照传统媒体的形式准备的，大多数都是比较生硬的。这就要求大家在将促销广告展示给粉丝之前，一定要进行加工，如果条件允许的话，可以自己来拍摄促销产品的图片。

在做品牌促销广告时，首先可以用文字把品牌商的品牌详细介绍给自己的粉丝，也可以讲述品牌背后的故事，或者用一个典型的案例来介绍品牌的特点。然后可以选择此次品牌促销中的代表性产品先试用一下，并把试用的情况和试用之后的感受分享给粉丝，说明此次促销的力度对粉丝是不是有利，以及该品牌的促销产品是不是值得购买，设身处地为粉丝着想。

（3）选择与自己内容相符合的品牌

有很多内容创业者会忽略这一点，这是不可以的。我们必须要知道，每个内容都有自身的特点，它不同于电视台，可以接各种各样的广告。每个内容创业者创作出的内容都带有自身独特的风格和特点。有些品牌根本不适合自己的内容，那么就没必要为它的促销打广告了。比如，一个内容创作者的创作内容都是朴实无华的风格，所对应的也都是一些中低收入阶层的粉丝群体，那么最好就不要去接一些大牌的促销广告。

各位内容创业者在选择品牌广告时，不能来者不拒，一定要擦亮双眼，选择与自己的内容各方面都比较符合的品牌，如果选对了品牌并成功做好品牌促销广告，将会是对自己整体水平的一个提升。

对内容创业者来说，有品牌商递来广告是非常难得的，但是大家也不能为了眼前的利益就随便接一些促销广告，不对自己的粉丝负责。那样确实是可以为大家带来一时的收益，但是也会造成粉丝的流失。当有一天粉丝都离你而去的时候，还会有品牌商来找你做广告吗？这个答案是显而易见的。所以，在接任何广告的时候，大家都要对自己的粉丝负责，只有他们才是你最长久、最坚实的利益来源保障。

11.3 KOL

内容 KOL 有数量巨大的粉丝，也拥有非常多的流量，广告商在内容 KOL 投放广告，可以提高产品的销量，增加品牌的曝光率，这是毋庸置疑的。但这就能使广告商们纷纷向内容 KOL 递来广告吗？没那么简单。

现在的广告商们越来越青睐内容广告这一宣传方式了。那么到底内容 KOL 软广可以在品牌和产品的推广上起到何种作用呢?内容 KOL 软广又为什么会使众多广告商趋之若骛呢?

答案是流量吗？并不是。大家可以想，如果广告商投放内容 KOL 软广告仅仅是因为其巨大的流量，那他们去做硬广也是可以的。就拿“新世相”来说，广告商用 60 万元投放“新世相”的微信内容软广，如果软广内容的质量足够高的话，达到“100W+”的阅读量应该是没有问题的，算下来的话就是 600 元/CPM。而如果要在 QQ 群或朋友圈做广告的话，大概是 100 元/CPM，也就是说用同样数目的钱投放 QQ 群或朋友圈广告，可以接触的人数是投放“新世相”的 6 倍。所以，如果仅仅从流量方面来看的话，投放内容 KOL 广告明显没有硬广有优势，那么广告商投 KOL 广告的根本原因就应该不是在流量上了。

那是精准的粉丝吗？也不是。精准的粉丝优势也不是内容 KOL 广告独有的，硬广也具有同样的优势。就拿微博来说，如果你是一个销售宠物粮食产品的品牌，你想增加品牌和产品的曝光度，来带动消费者消费。你不是只有在“回忆专用小马甲”这类的博主中投放软广这一种方式，你还可以设置人群属性，然后把自己的品牌和产品的广告推送到一些萌宠博主的微博首屏中，这样也可以做到在精准的消费人群中推荐广告。因此，仅仅从接触精准消费人群方面来看的话，投放内容 KOL 软广也不是一个根本原因。

既然流量和精准粉丝这两点都不能成为广告商青睐内容 KOL 软广的根本原因，那么大家肯定好奇这个根本原因究竟是什么。别急，真正的答案是创设情境。

一些内容大 V 可以通过内容为他们的粉丝创设一个独特的情境。这个情境可以让他们与产品发生共鸣，给他们一种使用产品的真实感觉，这才是广告商真正看重的，也是他们投放内容 KOL 软广的一个最重要的原因！那么 KOL 究竟都能为粉丝创设什么样的情境呢？答案就在下面，如图 11-3 所示。

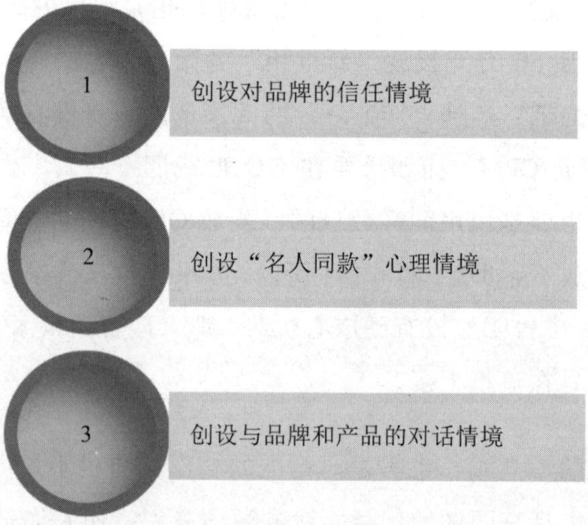

图 11-3 KOL 为粉丝创设的情境

（1）创设对品牌的信任情境

流量多和粉丝精准对品牌和产品的作用其实都应该归为表象，而内容 KOL 用自身的人格所创设出来的强烈的信任感对产品和品牌的作用才是真实深刻的。

我们可以来看“文怡家常菜”的一个例子：她曾经为一个砧板做广告，这个砧板的售价是 1500 元，大家的第一感觉应该就是这个砧板好贵呀，哪会有人买啊！但最后结果却是，在很短的时间内，销量就达到了 1.5 万个，而且超出了这个砧板在亚洲当年的全年销量。能够取得这个成绩的最大功臣就是文怡创作的图片和文字内容。她在自己的内容中向粉丝极力推荐该砧板，唤起大家的购买心理。还有就是文怡自己就是一个美食方面的 KOL，拥有极多的粉丝，对粉丝的影响力也非常大。所以，当美食类内容大 V“文怡”都在极力推荐这款砧板时，就已经将她的粉丝带入了一个“信任”的场景之中，在这个场景中，粉丝们会无条件地信赖她，进而产生购买砧板的行为。如果是其他情感类、萌宠类的 KOL 去做这个广告，要想达到“文怡”这样的效果基本上是不太可能的。

（2）创设“名人同款”心理情境

除了上述“信任场景”外，KOL 还能在粉丝的心中营造出一个“我也能有名人同款”的场景。对那些粉丝数量比较多的 KOL 来说，他们的身上都具备名人效应。如果他们亲自为某个产品或者品牌做广告的话，粉丝就会“跟风”，以此来带动产品的销量和品牌的推广，这和商家在推荐自己的衣服使用“杨幂同款”“范冰冰同款”的介绍是一样的道理。

（3）创设与品牌和产品的对话情境

内容 KOL 可以成为连接粉丝与品牌和产品的桥梁。最具代表性的就是粉丝在广告软文下面的评论，从评论中可以清楚地了解到粉丝对品牌和产品的真实感受，使得品牌和产品的形象顿时鲜活起来。

我们可以来看一个“石榴婆报告”的案例：雅诗兰黛红石榴系列曾找“石榴婆报告”为自己的产品做推广，结果她的很多粉丝就开始在评论区讨论雅诗兰黛的各种产品，有的粉丝还发表了一些自己的护肤心得。因为大多数的评论都是对雅诗兰黛产品的好评，这样一来，品牌和产品的口碑一下子就上去了，也带动了雅诗兰黛红石榴系列产品的销量。

粉丝在评论区里可以随意回复，好像在和其他人真实对话一样，除此之外，广告商家也可以通过粉丝的评论对自己的产品有一个更好地了解，这也是用户和品牌之间的一个对话机会。KOL 营造的场景使原本单调的广告瞬间有了活力，促进了品牌和产品的正向发展。

营造场景既是手段也是广告商通过在自媒体 KOL 中做广告的目标，

可以利用内容为粉丝创设一个情景并成功将他们带进去，以此来达到提高品牌曝光率以及增加产品销量的目的。所以，广告商投放内容 KOL 软广的一个最主要的原因就是 KOL 可以为用户创设情境，这是其他类型的硬广所不具备的优势。

这样看来，对内容创业者来说，发展 KOL 广告还是有前景的，毕竟有创设情境方面的优势，会吸引广告商自己找上门来。不过这里要注意的是，在选择广告的时候，要选择与自己定位相符合的广告，这样才可以为广告商带去产品的销量。如果你随意选择与自己定位不同的广告，结果粉丝对广告产品根本没有兴趣，这样根本不能提高产品的销量，久而久之，你的口碑就会下滑，广告商也就不会再来找你了。

11.4 【案例】天才小熊猫：让知识转化为交易——看植入广告怎么赚钱

有一次，笔者在逛"知乎"时看到一个问答，主要内容是让大家说一说自己看过的最有创意的文案。笔者现在还记得当时排在首位的答案就是"天才小熊猫"创作的一个游戏文案。看过文案之后，发现确实非常有创意、有新意，既包含了故事情节，又不乏阅读趣味，最重要的是还为产品做了广告，排在首位的确是名副其实。也正是因为这个文案，笔者开始关注这个名叫"天才小熊猫"的天才。

"天才小熊猫"原名叫作张建伟，他在 2013 年辞去了自己的工作，其实在那个时候，他创作广告文案获得的收益就已经远远超过了他原来的薪水。截至本书完稿，他的广告价格已经是六位数，是之前的十倍。"天才小熊猫"的工作原则非常奇特，不接受广告商的意见，也不保证效果，如果想找他做广告，还必须购买同公司段子手的转发服务。

他的微博粉丝数以前基本上在600万左右，现在更多了。熟悉他的人都知道他的专业就是为产品做广告，即使是这样，还是有大批的粉丝一直关注他，原因就是他的广告。对于专门靠打广告为生的博主而言，这可谓是一个奇迹。有的人可能会想不通，为什么一个广告文案就可以吸引这么多的粉丝？难道它的广告文案有什么魔力？对此，我想告诉大家的是，他的文案真的有魔力。但是，这个魔力不是凭空而来的，是有原因的，其中最主要的原因有三个，如图11-4所示。

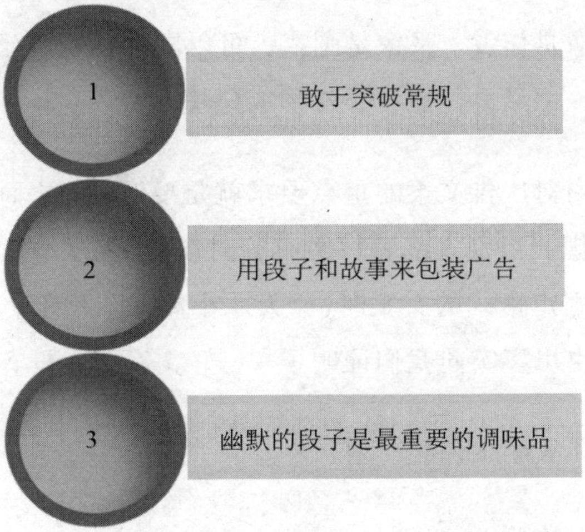

图11-4　“天才小熊猫”文案具有魔力的原因

（1）敢于突破常规

只要看过“天才小熊猫”微博内容的人就会知道，他的文案内容绝大多数都是长文案，其中还包括一些篇幅超长的。对于一个专业广告文案博主来说，这是非常巨大的挑战。没有金刚钻，谁都不敢轻易接这个瓷器活。因为人们的一个固定思维是“文案就是要越短越好”，而“天才小熊猫”

就敢于打破人们的固定思维。

去“天才小熊猫”的微博中看看他的广告文案，笔者觉得大家会想到一句非常有名的话：“猜中了开头，却猜不到这结尾。”这是他文案的一个非常显著的特点。也正是因为这个特点，才会促使人们看到文案的最后。他所创作的文案内容是非常丰富的，有故事情节、有图片、有对话，更重要的是有悬念，从整体上来说就是让你在莫名其妙的套路中尽情欢笑，理解广告。

“天才小熊猫”的长文案使他有了更加自由、充足的发挥空间，在这个空间中，他既像是作者，又像是画家，可以随意切换自己的身份，肆意挥洒自己的想象，但又总是能与粉丝形成碰撞。

现在的广告商对广告文案的重点要求就是要有创意，而想做到有创意，首先就要打破常规。当别人都写短文案的时候，“天才小熊猫”偏偏写长文案；当别人写固定格式的文案时，“天才小熊猫”偏不。这都是他打破常规的方式。他也用事实向我们证明了——好文案根本没有固定模式。

（2）用段子和故事来包装广告

微博上曾盛行一股泰国广告的热潮，很多网友都非常喜欢，他们表示，看泰国的广告就好像在看一部扣人心弦的电视剧一样，而到最后你会发现，这可能只是为一块巧克力做的广告。“天才小熊猫”的文案也使用了同样的套路。实际上，在内容行业，有创意的段子手并不在少数，但是“天才小熊猫”用他异于常人的脑洞成为了其中的佼佼者。

如果内容创作者想要创作出像“天才小熊猫”这样深受粉丝喜爱、有吸引力的文案，最重要的就是内容不能是干巴巴的，要巧妙运用文字，在内容中设置一些反转、意外的情节，还要敢于自黑。大家都爱看段子。不过，要想把段子写成一篇极具吸引力的短篇小说，必须要苦下工夫。

（3）幽默的段子是最重要的调味品

大多数人都不愿意也不爱看广告，而且人们对广告变得越来越抵触。但是“天才小熊猫”的广告就能让人不抵触，还让人喜欢看。就是因为在他的文案中，有调侃、有自黑、有幽默，他用这样的内容来减少粉丝对广告的抵触情绪，不仅让粉丝不反感他的广告文案，还能让粉丝感受到其中的魅力，进而爱上他的广告文案。

如果要找出“天才小熊猫”创作文案的代表作，那“千万不要用猫设置手机解锁密码”一定是其中的一个。文案内容大致是：铲屎官心血来潮，把自家猫的爪印设成了手机的解锁指纹。当天晚上还忘记了给这台手机充电，导致第二天只能带着自己的猫去上班。结果在上班的路上又遭遇了一系列糗事，先是被拒绝乘坐地铁，后来又遭到了出租车司机的嘲笑，到了公司又成为了同事的笑料。这些都不是最悲催的，后来在开会的时候，他发现自己的工作 PPT 全在手机里，他只能在众多同事的面前用猫爪来解锁自己的手机。

实际上，这是一条为手机做的广告。即使如此，粉丝依然在评论里乐得不行，“天才小熊猫”的这条微博的转发量当时达到了 17 万人次，阅读量更是达到了亿次水平。毋庸置疑，这个文案既幽默又深受粉丝喜爱，同时为客户打了广告，一石三鸟。这样看来，只要多动脑子，就能像“天才小熊猫”一样把产品广告做得让人喜闻乐见。

其实，除了“天才小熊猫”外，还有一些其他的写手也用这种文案方式来拉近自己与粉丝之间的距离。就像在微信公众号中比较火爆的“衣锦夜行的燕公子”，他的文章大部分都是在推送广告，但是文章阅读量都在10万以上。他的粉丝也知道这是广告，但还是愿意去看，有的还会在看完之后主动“打赏”。还有笔者最近关注的一个微信公众号“冷笑话精选”，主笔冷哥也极幽默，并拥有一大批粉丝。他所创作的广告文案大部分都是以段子或者故事的形式为产品打广告，不仅没让粉丝反感，还使得他们心甘情愿购买产品。

由此看来，“天才小熊猫”这条路是行得通的。如果内容创业者想要按照他的模式发展的话，就要敢于突破和创新，放下自己的身段去创作出能娱乐粉丝的优质内容。这是一个新时代的内容创作者所必须具备的职业素养，也是以“天才小熊猫”为代表的创作者可以缔造广告文案奇迹的必要条件。内容永远没有最好，只有更好。所以“天才小熊猫”的文案也不能说就是最好的，如果大家不断钻研，再借鉴“天才小熊猫”内容中的优点，完全可以在内容行业中打造出一片属于自己的天地。

12

社群经济：通过知识社群提升变现潜力

内容行业自身的粉丝特性决定了在该行业发展社群经济的优势。对内容创业者来说，要想使自己的事业长久地发展下去，发展社群经济是一条必然的途径。纵观“罗辑思维”“同道大叔”这些著名的内容从业者，哪个没走向社群经济？在社群经济中最主要的三种方式就是发展会员、线下活动和引入电商平台。本章将这三种方式分为了三个小节，分别为大家介绍如何做好并利用它们获得更多的利润。最后还有非常经典的吴晓波和他的“吴酒”案例。通过本章的学习，大家一定可以对社群经济有更加深刻的理解，然后在自己创业的时候可以利用社群经济获得更丰厚的利润和更长远的发展。

12.1 发展会员

现在，社群经济已经得到越来越多人的认可，而内容创业者自身的粉丝基础就形成了他们在社群化方面的优势。所以，对内容创业者来说，应该好好利用这个优势，把握机遇，尽可能地让自己朝着社群化的方向发展，保证持续创作，增强变现能力，这也是一个内容创业者变现的好途径。

大家要知道，社群化与纯粹的内容创作是有很大不同的，它的运作模式比内容创作更加立体，利用优质的内容吸引一批特定的粉丝，然后让他们沉淀下来，之后就形成了社群。当社群发展到一定程度，社群中的成员继续创作高质量的内容，吸引更多的粉丝，此时内容创业者的赢利变现方式就会更加多样化。

在社群经济中，发展会员是一种主要的基本方式。对内容创业者来说，发展会员不仅可以帮助他们获得利润，还能实现一些其他的目的：

① 利用会员去深入了解粉丝的兴趣和喜好。

② 通过会员来推广自己的内容。

③ 增加忠实粉丝的数量。

④ 对特定的会员做更加精准的营销。

我们前面说过，发展会员是通向社群经济的一条途径，但它的作用就仅限于此吗？并不是！还有其他方面的作用。

（1）可以培养粉丝形成良好的浏览习惯

内容创业者每天在平台中推送为特定的会员准备的内容，久而久之，他们就会养成良好的浏览习惯。

（2）增加收益

发展会员之后，可以获得会员费等方面的利润，能够增加不少收益，然后利用这些收益投资其他方面，从而获得更大的发展。

（3）形成动力

有些内容创业者得不到丰厚的收益，就失去了动力，而在发展会员、得到会员费后就可以形成持续发展的动力。

现在的内容行业，广告、赞赏等虽然还是比较主流的赢利方式，但一些内容创作“大V”只是将它们作为实现价值、得到尊重的一个途径，而不是赢利方式，他们的收益来源大都还是在发展会员和引入电商平台等社群经济上。成功发展会员并赢利的典范，不能不说的是“罗辑思维”。众所周知，“罗辑思维”最具代表性的收益来源之一就是会员制。就拿他的第一期来说，把会员分成了两个档，半天的时间就把这些会员名额销售一空。“罗辑思维”第一期收获的会员总人数是5500人，其中包括普通会员5000人、铁杆会员500人，会员费分别是200元和1200元。计算下来，这些会员为他提供了160万元的收入。这可是一笔不小的数目，比赞赏、广告获得的收益要多得多。

在发展会员方面，还有一个要说的就是会员收费的鼻祖——“鬼脚七”，他是阿里巴巴公司的一个高级管理人员。当时，他想从社群出发，探索一种新的商业模式。于是开始招收一些会员，他把自己的会员称为“鬼友”。当然，要想成为“鬼友”必须要付会员费，会员费是一人一年888元。如果会员入群后后悔了，可以申请退费。在当时，这是一种非常新潮的社群玩法。

现在，除了内容创作“大V”在利用发展会员获得利润外，一些小的内容创作者也开始加入了社群经济的队伍。还有一部分专门为产品做运营的人，也利用会员付费的方式为自己挑选一批忠实的粉丝，然后把重心放在这些粉丝会员身上。

内容创业者在发展会员时，不能只想怎么从粉丝身上得到更多的收益，更重要的是考虑怎么为自己的会员创作更有价值的内容、留住他们。一些内容创业者会觉得会员费这钱非常好赚，实际并不是这样。如果内容创业者没有足够的实力，仅仅是为了收益而盲目向粉丝收取会员费，之后又拿不出什么好内容给会员，也不能提供更高层次的服务，这样怎么能留住他们？所以，玩好会员付费并不是一件简单的事情，失败的例子也有很多。下面笔者来介绍一则会员付费的失败案例，希望大家在发展会员时能够引以为戒。

某内容创业者在2013年开展会员付费业务，当时他尚处于摸索阶段，对会员付费没有特别深的了解，唯一知道的就是可以赚钱。在他开始发展会员之后，每天都有新的粉丝成为会员，由于每个会员加入的时间不同，对他们来说早期的会员肯定要比晚加入的更合适，然而他根本就不记得这些粉丝都是在哪一天成为会员的，导致他无法设置一个合适的会员期限，这是摆在他面前的一个大难题。

如果初期他明确规定了时限，例如2013.1.10到2013.3.10算为三个月的期限，不管是哪天加入的会员都以这个时间为准，时间的问题不就解决了吗？

2013年，会员费用是20元，之后开始慢慢增长，30元、50元、100

元，会员费一直都是在变化的，并不固定，不过，涨幅倒是不算太大。会员费用的增长，再加上会员数量的增多，收益倍增，他的动力一下子就上来了。从那时起，每天都会为自己的会员发布新的视频内容，而到 2014 年，他的内容到了瓶颈期，无法继续为会员输送新的内容，加入的会员也变得越来越少，收益也少得可怜，他也就没有动力再去创作新的内容，形成了恶性循环。看到这种情况，一些会员不再续费，还有一些老的会员也纷纷退会。到最后一个会员也没有留下。

我朋友和我说，她最近成为了某个内容创作者的会员，进去之后才发现根本没有什么有用的东西，非常后悔。结合案例再加上我朋友的遭遇，我们就能看出为会员持续输出有价值的内容，才能可持续发展。

我们接着来说这个案例。开通付费会员后，他为自己的会员建立了一个微信群，主要是想把会员集合起来，有针对性地向他们发送内容，会员之间还可以在群里进行探讨。初期他通过微信群的确更加了解自己的会员，但时间长了以后，他就发现，由于他的会费比较低，导致群里的会员比较杂，什么类型的都有，大家讨论的问题也渐渐开始脱离他创作的内容，在群里他得不到有价值的信息，最后就失去了微信群成立的初衷。在这种情况下，他毅然决然地解散了这个微信群。

在发展会员付费的时候，建立会员群有利有弊。利就是会员可以讨论、分享心得，内容创业者还可以更好地了解会员。弊就是当会员比较杂的时候，有些人会肆无忌惮，内容创业者难以管理。因此，如果要建立会员群的话，一定要制定一些群规，比如，只能讨论与内容相关的话题等。如果觉得自己管理不好，那就不要建立会员群，只会增加负担。

上述案例失败的原因可以总结为三方面（如图 12-1 所示）。

图 12-1　失败的原因

对内容创业者来说，如果真的想通过发展会员赢利的话，可以借鉴“罗辑思维”的优秀之处，然后再吸取案例中的内容创业者失败的教训，提前做好时间、费用、维护等方面的工作。

12.2　线下活动

现在，有很多内容创业者都会根据自己的内容方向开展相应的线下活动。例如，美妆类的内容创业者举办美妆心得交流大会；旅行类的内容创业者组织集体外出旅行活动。还有一些节日营销、公益、免费体验、周年庆、培训、主题晚宴等都属于线下活动。举办这些线下活动一般都是有商家赞助的，如果没有商家赞助，也可以是参加活动的粉丝缴纳一定的活动费用。有些内容创业者只知道开展线下活动是获取利润的一种方式，这是没问题的，但除此之外，它还有一些好处也是创业者应该知道的，主要体现在以下几方面。

（1）提供原创灵感

一些聚餐、运动比赛、旅行等小型线下活动应该多组织几次，这些小型线下活动成本不高，组织起来也比较方便。在活动过程中，内容创业者可以发现更多的忠实粉丝，更好地了解他们的想法和喜好，为自己创作内容提供一些目标和灵感。

（2）提高名气和影响力

这是对比较大型的线下活动来说的，这样的活动大多数都是由一些有规模的内容创作公司举办的，也是公司实力的体现。在举办一个大型线下活动时，必然要做宣传，这样一来就可以引起大众的注意，提高名气。而且活动过程中需要大量的工作人员来维护活动，这时就可以调用核心粉丝的力量，让他们亲身参与到活动中，还可以让他们为活动做宣传，吸引更多的人来参加活动，使名气和影响力增加。

（3）提高粉丝的忠实程度

线下活动可以将粉丝聚集在一起，而且前面还说过可以将粉丝变成活动中的工作人员，这样一来，就拉近了内容创业者与粉丝之间的距离，提高粉丝的忠实程度，这也是大部分线下活动的最根本目的。

举办线下活动有诸多好处，但对于一些文字型的内容创作者而言，没有与粉丝的面对面交流，中间难免会有隔阂，线上可以吸引大批的粉丝，转化为线下活动就比较难，这也是大家面临的一个比较普遍的问题。在笔者看来，造成这个问题的原因主要有以下三点。

（1）时间

线下活动不比线上，可以随时参与，这其中会有时间成本，要考虑活动是不是值得粉丝花时间到现场参加。

（2）费用

线下活动应不应该收费这也是一个需要考虑的问题，如果收费就要增加成本，不收费吸引来的人会比较杂，精准程度得不到保证。

（3）主题

活动的主题是一个最为头疼的问题，主题定得不好就吸引不来参与者。

那么内容创业者应该怎样避免以上原因所带来的线下转化率问题呢？对此，大家应该掌握以下几个技巧。

① 按照粉丝的年龄、地理位置、职业等情况对粉丝进行分类。

② 活动的主题应该垂直化，最好选择定位精准的小主题。

③ 充分利用线上资源，使用线上线下结合的战略，影响那些黏性低的粉丝。

④ 创建方便与粉丝交流的微信群、QQ 群等。

⑤ 让粉丝亲身参与到活动中，增强与粉丝的沟通互动程度。

⑥ 根据自身的经济、人力、时间等方面的实际情况选择与内容定位最符合的活动类型。

掌握以上几个技巧可以在很大程度上提升线下活动的转化率，为内容创业者带来更高的利润。我们可以来看一个经典的线下活动案例。

这个案例就是名为“逃离北上广”的线下活动，由“新世相”组织开展。此活动在当时可谓十分火爆，微博、朋友圈等有许多与之相关的内容，在这样的情况下，一些内容创业者也都争相借势。根据“新世相”最后公布的数据表示该活动的内容在微信上的转发量已经达到百万数量级，增加了超过十万的粉丝数量，获得了巨大成功。

通过此案例，我们可以看出一个优秀的线下活动可以为内容创业者带来意想不到的成果。当然，像“新世相”这样的毕竟还是少数，对大部分的内容创业者而言，要想成功组织一场现象级的线下活动，绝对不是一件容易的事情。不过，无论是大型还是小型的线下活动，只要符合大众和粉丝的需求，能够引起参与者的共鸣，让他们感受到活动的价值，就可以为内容创业者带来更多的粉丝和更多的利润。

还有一些线上线下相结合的小活动，例如转发、评论、关注送好礼、有奖投票等。这类的小活动成本比较低，只需要一些礼物成本即可，而且过程简单，内容创业者自己就可以完成活动的组织和执行工作，这样的活动非常适合隔一段时间就组织一次。比如一些电影、美食类的内容创业者，他们可以把电影票、美食优惠券等作为礼品送给自己的粉丝。一般都是在内容的结尾处说明“关注我并转发此条内容就可以获得 XX 礼品”。这样的小活动可以充分提高粉丝为你转发内容的积极性，他们可以将你的内容转发到自己的微博、朋友圈，为你带来更多的粉丝，提高曝光度。不过，此种活动必须有优质的内容和极具吸引力的礼品做保障，最起码能勾起粉丝的转发欲望。还有不要太过生硬，要设计一个理由，比如庆祝粉丝数达到 1000 万、节日等，自然地把礼物送出去。

说了那么多与线下活动相关的内容，大家最想知道的应该就是怎样去组织一场优秀的、具有吸引力的线下活动。下面我们就来针对这个问题为大家做解答。

各种类型的活动流程都是大同小异的。活动的第一个环节就是要做好充分的准备，该环节需要对活动的各个方面进行分析，确定下来一个合适的活动主题；第二个环节是活动的策划，包括设计活动中的创意以及制作一份详细的活动文案；第三个环节是活动的执行，主要的工作任务就是在活动开始之前做预热、活动进行过程中的指导和把控；最后一个环节是活动的总结，就是在活动顺利完成的时候，对其进行详细的总结，为那些没有参加的粉丝提供与活动相关的内容。现在我们了解了大致的活动流程，那么，大家究竟应该如何组织一场成功的线下活动呢？我们要把握以下三点（如图 12-2 所示）。

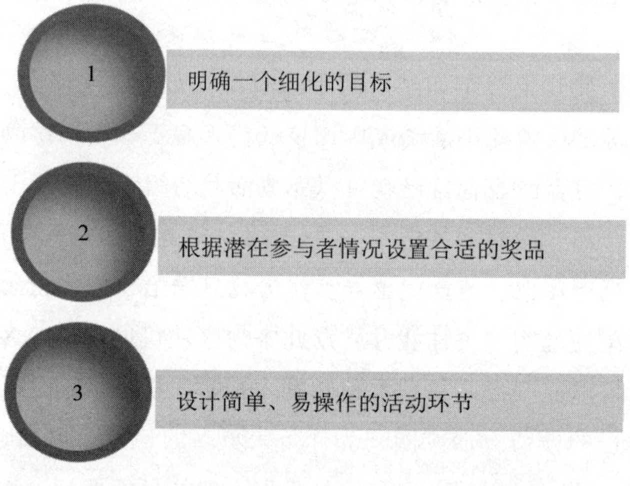

图 12-2　组织线下活动的要点

（1）明确一个细化的目标

组织一场线下活动的目的一般不会只有一个，像获得利润、提高自身的名气和影响力、增加粉丝数量、提高内容的阅读量和点击率等都属于线下活动的目的范畴。我们就拿增加粉丝数量这个目的来进行展开说明。

既然是以吸引更多的粉丝为活动目的，那么内容创业者就要把这个目的进行到底，按照这个目的来设计活动的各个环节。在这部分要注意的是，不要在一个活动中设定过多的目的，例如，既要增加粉丝数量还要提高名气。这样一来，在创作活动文案的时候会分散活动的重点部分，还会对资源的合理分配造成影响。如果只有一个目的的话，大家就可以将力量集中在一个重点上，可以使目标得到更好的实现。

还有一点就是要使活动的目的更加具体，比如活动打算增加粉丝的具体数量。如果更加细致的话就是活动中每一个环节所增加的粉丝人数，制定这样细致化目标的主要好处就是可以为活动预算、游戏设计、分配奖品等提供依据，让活动的各个环节可以有据可依，可以使活动更加顺利进行，使各项资源都得到合理利用。

（2）根据潜在参与者情况设置合适的奖品

这是非常重要的一个方面，活动中奖品的吸引力大小会在很大程度上影响线下活动的效果。人们都是看重利益的，所以在看线下活动的详细介绍时，绝大部分人会不自觉地先去寻找活动奖品信息，然后在大脑中迅速衡量活动奖品的价值。只有当奖品有足够的吸引力时，他们才会转过头去了解活动中其他方面的信息。如果他们觉得奖品根本没有吸引力的话，那么也许就不会考虑参加这次活动，就像大部分人不会去电影院看一场连题材都吸引不了自己的电影一样。

想要活动奖品最大程度勾起潜在参与者参加活动的欲望，最重要的就是首先要确定活动的潜在参与对象，然后还要了解他们的具体情况，他们是怎么样的人、共同爱好是什么，最后根据结果选择合适的奖品。比如，你的粉丝都是一些爱好美妆的年轻女性，你就可以将一些知名品牌的口红、粉底等化妆品作为奖品；如果是一些爱好美食的粉丝，就可以将美食优惠券或者直接将美食作为奖品。这样的奖品对他们来说是最具有吸引力的，可以为你的线下活动吸引更多的参与者。

（3）设计简单、易操作的活动环节

千万不能忽视这一点，粉丝中难免会有怕麻烦的人，如果活动中出现一些比较复杂的环节，这些怕麻烦的人会果断拒绝参加。而且那些过于复杂的环节会造成活动目标对象的理解困难，他们可能根本看不懂活动中的某些环节的具体情况。还有在活动过程中，那些复杂的环节会消磨一些参与者的耐心，导致他们在活动还没结束的时候就离开了，这样也就失去了举办线下活动的意义。因此，如果没有特殊情况，大家在策划一场线下活动时，一定要保证各个环节是简单易懂并且易操作，最好是让参与者非常轻松地就可以得到最后的结果。这样一来，即使最后没有获得活动中的奖品，参与者也不会因为浪费过多的时间而对活动产生不满的心理，而且这样的活动在策划和传播时也比较容易。

最后，在组织线下活动时，不是必须由自己独立完成、亲力亲为。可以找到合适的合作伙伴共同完成，或者是由你自己主办，其他的合作者协办，现在有很多内容创业者都采用这种方式来开展线下活动。所以，如果你不能想到一个非常好的活动创意而且人力、物力不足的话，寻找合作伙伴或者作为合作伙伴参与到其他的线下活动中，都是比较合适的做法。此外在线下活动中一定要多多宣传自己的内容和名号，让更多的人关注到你的内容，成为你的粉丝。

12.3 引入电商平台

在内容行业领域，“知识就是金钱”这句话是成立的。如果你拥有丰富的知识储备并能创造出具有吸引力的优质内容，那么利用知识获得利润就可以说是一条不错的出路。对于微博“大 V”、微信公众号文章的作者等靠内容赚钱的人来说，他们的高收益已经算不上什么秘密了。虽然同样都是内容创作者，但是他们的赢利金额和速度却是不同的，他们中的大部分都涉足了电商领域。

微博 2017 年自媒体通过微博获得的收入超过 207 亿元，比 2016 年多 90 亿元。其中，内容付费领域自媒体收入 13.3 亿元，较 2016 年增长 183%；有电商平台的自媒体获得的收入超过 120 亿元。根据以上数据我们可以知道，引入电商平台是内容创业者获得高盈利的方式之一。

以前搜索是获得信息的第一来源，现在正逐渐被内容代替。越来越多的内容创业者开始向电商领域发展，而且电商也逐渐成为内容创业者获得利润的最佳方式。

内容创业者应该如何在激烈的竞争中获得更高的利润？最关键的就是要紧跟时代的形势。王高飞是微博的 CEO，他就曾表示过，内容创业者的高利润与电商的火热发展是息息相关的。

“Delicious 大金”是一个知名的微博博主，截至笔者交稿，她已拥有将近 200 万的粉丝数量，她还是一个淘宝店主。为了获得利润，她将这两个平台有机结合在一起，利用微博中的橱窗商品为淘宝店铺做导流，此举使商品的转化率比之前提高了 1 倍，她的微博粉丝也非常支持她的淘宝生意，并且为其带去了将近七千万元的销售收入。她的赢利模式就是属于电商赢利的一种。

现在，我们浏览内容的时候，在结尾处看到某种商品的推送已经是一件越来越常见的事情。我们可以在内容页面上直接对商品下单。不同于之前那种生硬的产品广告，由内容创业者亲自销售的产品对粉丝来说具有更大的吸引力。特别是那些可以得到粉丝充分信任的内容创业者更适合发展电商。

对于文字型的内容创业者而言，他们最关心的问题是怎样可以使自己的内容实现商业价值的最大化，如何利用火热的电商平台使自己的内容更好变现？我们从以下两个方面来把握。

（1）产品的信任感比品牌更重要

我们前面已经说过，现在已经有很多内容创作大咖都开始涉足电商领域，想要把粉丝变成可以购买自己商品的消费者。“最生活”就是一个成功的例子。

“最生活”是由雷军投资的一个毛巾公司，生产出的主要商品就是毛巾。该公司发展非常迅速，在成立一年左右时，就取得了 G20 指定毛巾品牌的优秀成绩。最开始，“最生活”是一家专营家居商品的电商公司，其创始人表示：当时就是靠着品牌发展，产品非常少，而且产品的销售量是由照片决定的，照片美，产品卖得就好，但这样的模式是不能支撑公司的长久发展的。

之后，“最生活”就开始把自己的精力全部放在做好毛巾上面，通过小米、淘宝等平台将产品销售出去。“最生活”也创立了自己的公众号，有一段时间，他们的公众号中经常会收到其他公司或者团队的合作请求，“最生活”就想为什么不试一试呢？于是就进行了大胆的尝试。出乎意料的是，仅仅一晚上的时间，毛巾的销售量就达到了 5000 条，最后总的销售量超过了 8000 条。

这样的商品销售成绩着实给了创始人一个巨大的惊喜。在此之后，“最生活”就开始朝着内容电商的方向发展，并将其作为公司发展的重心，目前“最生活”的内容电商销售收入已经超过了总销售收入的50%。

还有一个必须要提的案例是“小小包麻麻”，他在成立之初时，它的目标就是要解决“0至8岁的孩子妈妈的焦虑和选品的难度”，因此在刚刚成立的时候就已经涉足了内容、广告、电商等众多领域。“小小包麻麻”的CEO贾万兴曾经说过：“我们是没有粉丝的，我们是她们的邻家姐姐，我们把更多的信息告诉她们，让人跟人的感觉回到一个更亲密的状态，品牌相对来说是弱化的。”“小小包麻麻”的电商平台中并不都是一些非常著名的大品牌商品，但肯定全部都是有信任保障的，而且他们的服务也非常到位，无论消费者提出什么样的问题，他们一定会尽全力去解决。正是因为这样，“小小包麻麻”才可以得到越来越多粉丝的信任。

“差评”也是一个涉足电商的知名公众号，Allen是电商方面的主要负责人。他说：“我们在意的是产品的品质和产品本身的公众号的相契合的程度。”他还曾表示，虽然那些非常高端、先进的科技产品看起来似乎有非常大的需求，但实际上购买转化率其实非常低。从产品购买者的反馈来看，大部分都是玩一段时间就把产品随意丢在某个地方。基于这样的情况，“差评”开始改变自己的战略，花更多的时间和精力去了解粉丝的真正需求，然后选择符合这个真正需求的产品在电商平台中销售。当然，“差评”也不是根据品牌来挑选产品，他们更想为粉丝找到一款有新意、有特色的科技产品。

现在许多发展电商的内容创业者的观念和宗旨都是一样的，他们并不看重商品的品牌名气，更多的是看重商品与粉丝需求的符合程度和商品自身的信赖感。

（2）不要只是单纯的销售产品

创作出一份优质的内容对内容创作大咖而言，并不是一件非常困难的事情，但销售商品却是一门高深的学问，粉丝数量非常多的内容创作者不一定就可以销售出更多的商品。

我们就拿“同道大叔”来说，在本书的第 1 章，笔者就曾经提到“同道大叔”一直在摸索电商方面的赢利。其创始人之一杨晗觉得发展电商就必须要回归人群，首先应该做好粉丝画像，确定出主要的商品种类，然后还要把选品工作做好，为商品寻找一个合适的使用场景，最后要确定一个合适的商品价格，看看面对的主要消费人群有没有足够的经济实力去购买商品。

内容为创业者提供了一个相对持久的流量入口，内容电商不应该只是单纯的销售产品，而是应该通过内容来为粉丝选择出最符合他们需求的产品。就拿“同道大叔”的杯子和伞来说，他拥有的粉丝大多都是年轻的女性，星座是这些粉丝在情感方面的需求，他的电商平台中的杯子和伞两种商品在设计上都非常具有创意，而且商品还有一个温馨的主题——爱，大部分人应该都知道，杯子可以代表“一辈子”，而伞代表“不散”，可以提升商品对粉丝的吸引力。这两件商品的价格也不高，他们的粉丝完全有能力购买。

对于要发展电商赢利的内容创业者来说，最重要的两点就是可持续和找到缺口，要做就最好做出一个属于自己的品牌，因此要分配好内容、供应以及服务。在这里要提醒大家的是，一部分内容创业者面对的是非常难做的人群，这种情况下做电商不太合适。此外，有些公司在进行资本化转变时并不需要电商方面的赢利，那么他们也没有必要做电商。

内容创业者要想发展电商赢利，不仅要做好内容的创作以及战略的部署，还要在技术上下足工夫。比如微信小程序就有效帮助了微信公众号中的内容创业者去开发自己需要的功能。微信小程序不仅能促进公众号主体与广告商的合作，还可以提高内容电商的购买转化率，为他们带去好的运营效果。

在成功引入电商平台的内容创业者当中，“深夜发媸”“吴晓波频道”“罗辑思维”等都是比较典型的例子。其中“吴晓波频道”“罗辑思维”在发展电商的过程中都成功做出了非常鲜明的个人品牌。不过吴晓波销售商品时更加强调人格化，而罗振宇则是偏向用推荐人的方式，亲自为产品背书。例如“罗辑思维”曾经销售一款价格为 3 万元的音响，在罗振宇积极背书的影响下，即使售价非常高，这款音响还是取得了不错的成绩。

对内容创业者来说，发展电商赢利也不是一件容易的事情，不仅会存在商品数量方面的限制，而且出现爆品的概率也是非常小的，还有在技术方面的成本也要比传统电商多，所以，内容创业者要想发展电商方面的赢利难度是很大的，在做决定的时候还是要谨慎考虑。

12.4 【案例】吴晓波靠自媒体频道卖“吴酒”

“吴晓波频道”大家应该并不陌生，2015 年 6 月，吴晓波对自己的粉丝说：“我开始卖酒了!”。就在说完的 33 个小时之后，限量 5000 瓶的“吴酒”销售一空，接着又是限时销售，这次是用 72 个小时卖出了 3.3 万瓶“吴酒”。这两次成功的尝试为吴晓波的“吴酒”打出了“情怀”“粉丝经济”等名号，具有非常鲜明的个性。

对于这两次销售“吴酒”的尝试，他们具有两个非常显著的特点——

定制化和场景化。当然，这也是“吴晓波频道”内容团队通过不断探索而得出的发展社群电商的有效战略。另外，吴晓波团队还推出了一款用于日常销售的简单包装版“吴酒”，该商品在酒仙网、本来生活网等电商平台都可以买到，销售渠道的范围铺设非常广。吴晓波团队方面还表示，以后“吴酒”还会陆续推出一些味道偏甜、适合女性消费者饮用的商品。

“吴酒”的第三次成功尝试是“杨梅树认养计划”，该计划的主要内容是：只要是认养了杨梅树的消费者，就可以获得定制版的杨梅酒、纪念品、优惠特权等，而且还能得到“吴酒”的销售分红。从根本上来说，“吴酒”其实是在发展社群，把那些憧憬美好的人们凝聚起来，为他们提供一些优质的产品。而发扬工匠精神的“吴酒”所生产出来的正是社群人员需要的优质产品。

2016 年 1 月，吴晓波又有了新动作，将自己频道的官方商城“美好的店”成功上线。店里的第一款商品是普洱茶，这款普洱茶是由“吴晓波频道”联合“乡土乡亲”共同推出的。推出当天，普洱茶的销售量就已经达到了千份的水平。其实卖东西并不难，难的是对商品的死磕挑剔。吴晓波之所以会和“乡土乡亲”达成合作，最重要的原因之一就是他们的产品在品质上是有保障的。如果“吴晓波频道”要的只是商品的高销售额的话，他可以想出很多办法，可以在店里卖更多的商品，而吴晓波追求的远不止那么简单。

在“美好的店”中，吴晓波的个人魅力随处可见，充满了各种人格化的元素。“美好的店”这个名字听起来就让人觉得非常舒服，名字的来源是吴晓波的一篇文章《把生命浪费在美好的事物上》，也是他对新时代中产阶级价值观的浓缩。在卖普洱茶的时候，吴晓波特意录了视频为其背书。

第二款在“美好的店”上线的商品是“廖厂长”茶油，该商品对吴晓波来说有着特殊的意义。吴晓波曾经写过一篇文章——《只有廖厂长例外》，讲述了 80 年代的时候，吴晓波和他的同学在去南下考察前得到了廖厂长资助的故事。在刚刚发表出来的时候，这篇文章并没有那么火热，后来，“吴晓波频道”推出后，廖厂长却意外火爆了起来，在当时掀起了不小的热潮。吴晓波讲述这个故事的视频成为了 2015 年“吴晓波频道”的视频点击量冠军。由此来看，吴晓波在销售商品的同时也在诉说着某些情怀。

在“吴晓波频道”建立的社群中，所有的“群员”都是理性的，这就不同于粉丝经济模式下的高溢价，这些理性的“群员”对吴晓波的背书是非常认可的，也是对高品质产品的认可。就像我们最前面提到的“吴酒”。由于“吴酒”属于日常消费品，他的售价一般不会高于 500 元。因此，吴晓波团队认为“美好的店”需要一些专职买手，同时也需要一个专业的电商运营团队，并且已经将招募工作提上了日程。

“吴晓波频道”可以说是内容电商的一个非常好的范例，那么内容创业者是不是可以从中学到些什么呢？当然可以！

“吴晓波频道”正式上线一个月之后，粉丝的数量是 20 万，一年之后，粉丝的数量是 80 万左右，现在当然更多了。在拥有这么大的粉丝规模之后，就应该考虑如何使他们的效应得到最大程度的发挥。

“吴晓波频道”的粉丝曾经组织过一次自发线下活动，地点是在北京。这次活动让吴晓波团队看到了做社群的可能性。“吴晓波频道”在微博和微信中都分发了自己的内容，具有比较大的影响力，在这样的情况下，建立一个社群就是一件比较容易的事情了，而且几乎没有成本。目前，在吴晓波的团队中，只有一名运营员工在管理着所有城市的书友会工作。

“吴晓波频道”中的社群成员都要缴纳年费，金额不是很多，只有 180

元。所以，对于“吴晓波频道”来说，他们的社群本身就可以看作是一个产品。不过，建立社群还有其他方面的价值，如果可以画出社群中成员的群像，那么就可以了解他们的真正需求，然后再把他们的真正需求转化为商品，那么产品的销售应该就不成问题了，这是吴晓波团队在制作和选择产品时的思路。

从根本上来说，“吴晓波频道”做的工作是发掘社群经济，而社群经济和粉丝经济不一样。粉丝经济非常容易受到其他事物的影响，可以来得很快，去得也很快。如果想要把自己的事业长时间维持下去，就必须要为一些理性粉丝提供符合他们需求的产品以及服务。还有，就是必须要充分调动粉丝的积极性。吴晓波销售的商品中有很多元素都是在与粉丝互动的过程中得来的。多听听粉丝的声音，然后在商品中反映出来，这是“吴晓波频道”团队为社群电商一直在做的事情。

还有重要的一点就是切忌同质化。应该根据自己粉丝群体的实际情况提供有差别的产品。比如，你想销售一件衣服，就得用跟其他人不一样的方式，讲述不一样的故事。商品必须要有自己的特色，不要和别人相同。利用社群讲出特别的故事，传递真挚的感情，这样可以更精准、更容易。

“吴晓波频道”在提高粉丝的参与度方面，有以下做法：他们做了分别代表春、夏、秋、冬四季的四款酒，不过，设计方面的工作他们是没有做的，而是通过他们的社群成员提供的方案，众筹得来的。正是因为建立了社群，才使得商品的制作和选择变得如此简单，而且还可以实现与自己粉丝的互动。当真正销售商品的时候，粉丝会觉得这不是“吴晓波频道”的商品，而是他们自己的商品。这样得到的商品比其他设计师设计出来的要好得多。

通过上面的分析，相信各位内容创业者应该得到了非常大的启发，在销售自己的商品时可以借鉴“吴晓波频道”中的优秀之处。

在吴晓波的成功之路上，还有一个不能不细说的就是他的“吴酒”。“吴酒”被内容创业者看作是一个成功的典范，为他们提供了新的发展思路和模式，使他们受到了非常大的启发。在本节最开始的时候就说过 33 小时卖出 5000 瓶“吴酒”、72 小时卖出 3.3 万瓶“吴酒”的成绩。这样的成绩让一些内容创业者非常心动。而接下来的“杨梅树认养计划”又是吴晓波的一次全新尝试，也是“吴酒”电商赢利模式上又一次创新。

不管是从文化方面来看，还是从营销方面来看，“吴酒”都可以成为内容创业者发展社群经济的典型案例，非常具有参考价值。现在的内容行业市场处于一个越来越拥挤的状态，想要分得红利是一件越来越困难的事情。如果不能推陈出新，跟随时代的脚步，那么等待你的只有被内容行业淘汰这一个结果。在内容行业中，赢利的方式更加多样化，这就是给各位内容创业者的绝佳机会，抓住机会就可以分得自己的红利。“罗辑思维”“同道大叔”等知名内容人都在不断开发赢利新模式，从内容收费、会员收费到电商，不放过任何一个赢利的机会。新的内容创业者本来就慢了一步，如果再不好好抓住机会的话，怎么让自己的创业成功呢？“吴酒”似乎与内容创业并不搭界，就是这么一个“剑走偏锋”的商品，却收获了出乎意料的成功，而且“吴酒”的成功似乎可以给这些新的内容创业者一些启示。笔者将“吴酒”中包含的启示总结为以下三方面（如图 12-3 所示）。

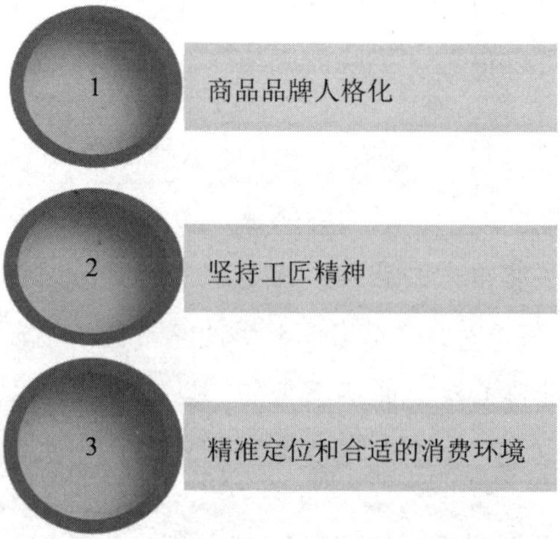

图 12-3 “吴酒”中包含的三方面启示

（1）商品品牌人格化

吴晓波曾经参加了在成都举办的春糖会，在会中做了精彩的主题演讲。通过他的演讲可以了解到，“吴酒”有一个非常显著的特点——人格化。其实这个人格化并不难理解，通过名字我们就可以感受到。如果你去问吴晓波的粉丝“什么是‘吴酒’”，我想几乎所有人都会告诉你同一个答案“吴晓波卖的就是‘吴酒’”，这就是商品的人格化魅力。

有的人可能搞不懂，商品品牌人格化的原因到底是什么？为什么人格化的商品品牌可以有更大的品牌力？吴晓波用“返祖现象”生动地解答了问题。随着互联网不断发展，商品的生产、品牌、推广以及销售渠道等都存在着不同程度的“返祖现象”。我们来说品牌的“返祖”，在以前，大部分商品制作者通常会用一些与商品有关的重要人物的名字作为商品的品牌，就像我们熟知的“王麻子剪刀”。之所以出现这种情况的原因，是因为当时经济落后，导致商品不能非常顺利的流通，购买商品的消费者大部分都与创始人或者制作人有着某种关系。用自己的名字做品牌，不仅可以得到有效传播，而且可以实现商家与消费者之间的互动。吴晓波将其总结为“人格认同感”，他可以在一定程度上代替商品的某些功能，可以成为新的消费者提供购买的理由。另外，也有用人格担保商品的意义，使消费者买得更加放心。

“吴酒”以吴晓波的名字命名，作为著名的财经作家和“吴晓波频道”的主讲人，吴晓波被很多人熟知，名气不小。这就使得他的“吴酒”可以得到更好地传播和推广。除此之外，如果吴晓波“吴酒”做得不好，购买的粉丝觉得不好喝或者酒的质量出现了问题，他们不会去找酒的错，而是会对吴晓波这个人产生质疑，这就难免会有一些人格担保的成分在里面，也是从侧面告诉消费者，“吴酒”是吴晓波制造的，在品质上肯定有保证，绝对是上等佳酿，这样一来，吴晓波就得经常反省内视，必须确保“吴酒”的品质，有利于商品质量的提高。

（2）坚持工匠精神

将来，所有的商品可能都必须具备的两个最重要的特征就是“人格化”“工匠精神”。前面我们已经讲了品牌的人格化，下面就来讲讲“工匠精神”。

商品会有附加的文化内涵，而“工匠精神”会成为其中的一个重要组成部分。在吴晓波的“吴酒”当中，“工匠精神”是一个非常重要的存在。我认为这和吴晓波之前的工作经历有很大关系。他以前是作家，对文章中的语句要求是非常严格的，这就可以看作是一种“工匠精神”。现在做起了“吴酒”，在原材料、制作工艺、酒品质量等方面会更加追求完美。

所有的高质量酒都必须有优质的水源做支撑。因为组成酒的核心成分是水，并且水贯穿于酿酒的各个环节之中，可以对制作过程产生重要的影响。吴晓波的“吴酒”选用千岛湖的水，水质绝佳，了解的人们应该都知道，不再多说。

“吴酒”是一款杨梅酒，杨梅是酒的灵魂，而杨梅从开始发芽到最后结果，每个环节都会受到环境的影响。为什么在酿葡萄酒的时候非常看重葡萄的风土，我想原因大抵就在此。“吴酒”中的杨梅是在千岛湖生长起来的，那里自然环境非常优越，每一棵杨梅树、每一粒杨梅果实都有着千岛湖的独特烙印，吸到了足够的千岛湖灵气，结出了许多汁多味甘的高品质果实。还有最重要的，吴晓波顺应自然规律，从来不为千岛湖的杨梅树喷洒任何农药。在健康方面有很大保障。

吴晓波的“吴酒”在工艺上采用“古法”，选用的基酒都是品质上乘的陈年荞麦酒，在酿造“吴酒”的过程中，对工具、器皿、时间、温度等各个方面都进行细致考究，采用以前的“古法”酿造工艺来酿酒。在酿酒的过程中，吴晓波始终带着极大的耐心以及极高的兴趣。在“吴酒杨梅树认养计划”的活动现场，吴晓波就“杨梅酒到底要不要果肉？要不要澄清？”这两个重要的问题与现场的粉丝进行了深度交流，现场气氛热烈。吴晓波的“吴酒”将“工匠精神”完美体现了出来，这也是“吴酒”可以取得如此成就的重要原因。

（3）精准定位和合适的消费环境

“吴晓波频道”中的内容是中产阶层提供的，他们都是一些精英群体，这也是他的粉丝定位。现在，中产阶级的力量越来越大，在社会中渐渐崛起，成为许多行业都非常关注的消费者人群。截至笔者交稿，中产阶级的人数在 1.09 亿左右，占我国成年人数的 11%，被各个行业看作是最有潜力的消费人群阶层。他们除了具备强大的消费能力外，还可以带来一些更上层的潜在消费者，使产品可以得到更好的销售。

对于“吴酒”的成功，一些人认为在很大程度上是因为吴晓波自己以及他的“吴晓波频道”具有非常大的影响力，这当然是毋庸置疑的。吴晓波曾经在一个论坛上提到，当一个内容创作者创作出高质量内容的时候，在连接方面的成本会变得很低。凭借着“吴晓波频道”的强大驱动力，质量上乘的“吴酒”可以卖得很好这是一个必然的事实。还有一个非常重要的原因是“吴酒”的精准定位，还有合适的消费环境。

首先说第一点——精准定位。中产阶级在消费的时候有什么样的特点？用一个比较合适的名词来概括就是“轻奢”。大家应该都知道“马斯洛需求层次理论”，当最底层需求被满足以后，就会提高需求的层次，来到精神层面。中产阶级的需求层次就已经在精神层面了。他们在消费的时候喜欢“轻奢”，就是为了可以满足自己在精神方面的需求，将自己打造成一个“生活家”的形象。“吴酒”定位于中产阶级，充分满足了他们在这方面的需求。在推广“吴酒”的时候，最常用的词就是“美好”，水是美好的、杨梅是美好的、包装是美好的，再加上杨梅酒本身就有益身心健康，这些都是“吴酒”身上美好的标签。而且，吴晓波的书《把生命浪费在美好的事物上》也为“吴酒”增添了许多美好元素。

接下来说第二点——合适的消费环境。从 2012 年开始，酒品业的状态就不是特别好了，消费环境方面的问题是造成这种情况的原因之一。酒品业现在正在改变自己的思路，从“公务”向“商务”方向转变。不过，这两个都不是“吴酒”所对应的消费环境，那么其消费环境在哪呢？答案是“个人”。“吴酒”比较适合在自己或者是在朋友、同学聚会的时候享用。和“公务”以及“商务”的环境比起来，在“个人”环境中消费的时候，产生的消费金额不会很高，不过“个人”环境的这碗羹是比较大的，即使消费金额不高，也可以获得比较好的赢利。如果真的可以有一款高品质的酒走进人们的生活当中，让大家真正喜欢，那么该款酒的品牌名气和销售数量都将无法预估。

通过上述介绍，各位内容创业者还没有获得“吴酒”成功的经验吗？我想应该是不可能的。“吴酒”是一款商品，不管是发展电商还是直接销售产品都是必不可少的。所以，大家如果想通过上述两种方式赢利的话，不妨把图 12-3 中的三个方面有机地结合到自己的商品之中。

“吴酒”在最开始可以说是吴晓波的个人品牌，但是随着“吴酒”的不断发展壮大，现在已经成为了一个独立的酒水品牌，而且成立了一个专门经营“吴酒”的独立公司。未来也将会把“吴酒”的产业链向更深的层次延伸。吴晓波团队在发展的过程中发现，把电商做好并不是一件简单的事情，不同的行业、不同的产品都存在不同的特征，特别是像“吴酒”这类饮料食品。所以，“吴晓波频道”将来会发展自己的电商平台，并且和一些比较有保障的品牌合作，由他们提供价格合适的优质产品，“吴晓波频道”则利用自己的电商平台做好溢价和营销的工作。

对于现在的内容创业者来说，广告和电商是他们实现商业化的两种主要手段。“吴晓波频道”也是其中的一员，在他频道上线的第一篇专栏中就出现了广告。不过，吴晓波觉得，没有发展电商的内容创业者是很难获得持续价值的，这也是每个内容创业者应该记住并认真思考的。

反侵权盗版声明

举报电话：（010）88254396；（010）88258888

传　　真：（010）88254397

E-mail:　dbqq@phei.com.cn

通信地址：北京市万寿路 173 信箱

电子工业出版社总编办公室

邮　　编：100036